Darius Reinehr

AF194335

Von Ulan-Bator auf den Triton

EIN KUNTERBUNTES WISSENSBUCH!

ISBN: 978 3 7557 6038 2

<u>Titelbild `Von Ulan-Bator auf den Triton´</u>:

Seltenfarbige Südpolarlichter über Tasmanien

Seltenfarbige Telefonzelle auf der Isle of Man

Darius Reinehr

FKK

DR-Edition

© Darius Reinehr
4. optimierte Auflage 2023
3. ergänzte Auflage 2022
2. ergänzte Auflage 2020
1. Auflage 2019
DR-Edition, www.dr-edition.de

Herstellung und Verlag:
BoD – Books on Demand, Norderstedt

ISBN: 978 3 7562 7667 7

Das Gute, Schöne und Wahre
darin magst du streben,
Tugend, Kunst und Wissensklare
gereichen dir zum Segen.

Darius Reinehr

Inhaltsverzeichnis

Teil IV – Orte

Teil V – Astronomie

Vorwort

Am 17. August 1970 in Wiesbaden-Sonnenberg zur Welt gekommen, haben meine Eltern mit mir als Kind sehr oft Wanderungen durch die Wälder unternommen. Auch im Museum sind wir des öfteren gewesen. Zuhause habe ich vor dem Schlafen gerne Märchen, Fabeln und Sagen vorgelesen bekommen. Und wenn meine Mutter mit mir in einer Arztpraxis oder in einem Fachgeschäft gewesen ist, hat sie mir für die Wartezeit meistens ein Lexikon gegeben. Besonders fasziniert haben mich darin die Abbildungen von Edelsteinen und Flaggen. Auch unseren beleuchtbaren Globus habe ich gerne 'studiert'. Ich habe mich so schon damals für Vieles interessiert und bin deshalb auch in der Schule freudig dabei gewesen.

Der Titel dieses Buches liegt in der damaligen Zeit begründet. Mir hat es nämlich nicht gereicht, zum Beispiel Rom, Paris und London als Hauptstädte zu lernen; auch Ushuaia von Feuerland und Ulan-Bator von der Mongolei habe ich mir gemerkt. Und durch mein Interesse an Astronomie habe ich mir auch schon Monde wie Triton und Nereide vom Neptun gemerkt.

Aber diese Phase der Begeisterung für Natur und Wissen bekam eine Unterbrechung in Form von teilweise pubertätsbedingtem Abenteuerdrang. Nachdem ich diesen zum Teil doofen Lebensabschnitt, in dem ich mich oft verlief, überstanden hatte und zur Besinnung gekommen war, habe ich begonnen, mich mit Philosophie zu beschäftigen.

Irgendwann ist mir klar geworden, daß ich in meinen Interessen direkt an meine Kindheit anknüpfe. Die Idee zu diesem Buch hatte ich vor einigen Jahren. Die Beschäftigung damit ist für mich faszinierend und wundersam. Als ich im Oktober 2016 an dem Kapitel `Wiesbaden´ schrieb und mit den Heilquellen beschäftigt war, wurde das Quellenviertel, in dem sie sich befinden, vom Regierungspräsidium in Darmstadt zum Heilquellenschutzgebiet erklärt. Und als ich im Winter 2017/2018 das Astronomie-Kapitel schrieb, in dem ich die Voyager-Mission vorstelle, las ich bei meinen Recherchen, daß die NASA kurz zuvor, am 29. November 2017, die Schubdüsen von Voyager I erstmals seit 1980 aktiviert und einen Tag zuvor die ebenfalls seit 37 Jahren nicht mehr verwendeten Triebwerke von Voyager II neu gezündet hatte.

Die Grundlagen dieses Buches habe ich nach meinem Belieben ausgewählt und jede einzelne davon für sich neu zusammengestellt. Ich habe dabei in meinem gewohnten Aufsatzstil geschrieben. Die Kapitel 14 und 15 basieren großenteils auf meinen Ortskenntnissen. Gestaltung, Formatierung und Lektorat habe ich selbst vorgenommen. Ich wünsche euch viel Freude bei der Lektüre.

Teil I

Kunterbuntes

Nero, der Brandschutzkaiser

(37-68/Regnum: 54-68)

Inzwischen gilt die Annahme, daß Kaiser Nero Rom in Brand setzen ließ, als widerlegt. Einer plausiblen These zufolge waren Christen doch dafür verantwortlich. Die Sekte der Christen, aus der später die Kirche hervorgegangen ist und deren Glauben wichtige Inhalte der Lehre Jesu nicht mehr enthielt, verkündete den Weltuntergang und Tag des Jüngsten Gerichts. Weil dieses Ereignis aber nicht eintraf, verschoben sie den Termin jedesmal auf ein späteres Datum. Eines Tages müssen Fanatiker unter ihnen davon so frustriert gewesen sein, daß sie beschlossen, etwas nachzuhelfen. Und so zündeten sie Rom an, in der Nacht vom 18. auf 19. Juli 64, als der Stern Sirius am Firmament stand, was nach christlicher Prophezeiung ein Weltuntergangstermin war. Gelegt wurde das Feuer im Zirkus Maximus, der aus Holz konstruiert war und wie Zunder brannte. Daß sich die Flammen auf einen Großteil der Stadt ausbreiteten, lag an der Bauweise. Die Mietshäuser waren aus Holz gebaut mit verputzten Fassaden und standen zu dicht aneinander. Die meisten Stadtviertel wurden zerstört. Zehntausende waren obdachlos.

Nero erwies sich als vorbildlich, ließ in seinen Palastgärten Notunterkünfte für die Bevölkerung errichten, den Getreidepreis senken und Prämien für das Räumen von Schutt zahlen. Als er die Stadt wiederaufbauen ließ, konnte Nero seine Faszination für Architektur ausleben. Er führte bauliche Neuerungen und Sicherheitsbestimmungen ein. Die neuen Häuser wurden aus Ziegelsteinen und Beton gebaut, hatten eine Maximalhöhe, mehr Abstand zueinander und in den Erdgeschossen Säulenhallen als Feuerwehrzugänge. Zudem wurden die Straßen breiter gebaut. Nebenbei ließ er seine Palastanlage mit Parks, Pavillons und einem See auf ein Drittel der Stadtfläche ausdehnen und eine turmhohe Kolossalstatue mit Strahlenkranzkrone von sich errichten. Sein neuer Palast war eine architektonische Glanzleistung; der ausgeklügelte Kuppelbau der Domus aurea – des Goldenen Hauses – mit faszinierenden Licht- und Klangeffekten ist bis heute wegweisend.

Auch zum Volk war er finanziell großzügig. Die pompösen öffentlichen Thermen, die er bauen ließ, waren stilbegründend. Die hohen Kosten, die das Ganze hatte, verärgerten Senat und Adel.

Daß er Jahre zuvor seine Mutter Agrippina ermorden ließ, wurde noch akzeptiert, hatte sie ihm als Knaben doch selbst durch Mord in der Familie auf den Thron verholfen und später, als er sich ihrem Einfluß entzog, gegen ihn intrigiert. Solcherlei war in der julisch-claudischen Dynastie üblich. Daß Nero aber seine beliebte Ehefrau Octavia verbannte und später ermorden ließ, um die intrigante Poppaea zu heiraten, die er später in einem Tobsuchtsanfall selbst getötet haben soll, entsetzte Senat und Adel.

Nero verstand sich als Künstler und begann damit, seine Amtsaufgaben an andere zu delegieren, während er lieber dichtete, sang und auf der Lyra spielte. Er war vielseitig in seinen Ambitionen. Nackt und triefend vor Öl übte er den griechischen Ringkampf am eigens von ihm dafür eingerichteten Gymnasion in Rom. Bei Senat und Adel waren die griechischen Traditionen aber nicht beliebt, geschätzt wurde die altrömische biedere Kultur. Bei künstlerischen Wettbewerben trat er auch als Theaterschauspieler auf, gerne in Frauenrollen, sogar in den Wehen liegende Schwangere mimte er. Für Heroisches schwärmte er, wenn er den vor Wut rasenden Herkules auf der Bühne gab. Auch an Wagenrennen nahm er teil. Selbstverständlich gewann er jeden Wettbewerb und jedes Turnier. Und für stadionfüllenden Applaus war stets gesorgt; bei seinen Auftritten war eine Applaudier-Mannschaft von fünftausend adligen jungen Männern dabei, die eigens in verschiedenen Beifallarten geschult waren und das Publikum zu Jubelstürmen mitrissen. Besonders gerne trat er in Griechenland auf, denn er schwärmte für den Hellenismus. Daß er Hellas von der Steuer befreite, war ein weiteres Ärgernis für den Senat.

Das Einschlafen bei seinen Auftritten konnte mit dem Tode bestraft werden, ebenso Witze über ihn zu machen. Er hatte ein Überwachungsnetz von Spitzeln über Rom gespannt, das bis in die Latrinen reichte. Als sich einmal der Dichter Lucan auf dem Locus erleichterte und dabei einen Vers Neros zitierte, daß „es wie Donner aus dem Bauch der Erde war", brachte ihm das die Todesstrafe ein. Intellektuellen wurde dann meist, wie auch Politikern und Aristokraten, der Freitod befohlen, was eine herbe Form der Respekterweisung war.

Ab dem Jahr 66 war `der Bühnenkaiser´ auf 16monatiger Tournee durch Griechenland, auf der er 1808 musikalische und sportliche Preise gewann. Auf seine Anordnung fanden die Wettbewerbe von mehreren Jahren zusammengezogen während seines Aufenthaltes statt. Das waren im Durchschnitt drei bis vier Preise am Tag. Vielleicht erhielt er für einzelne Auftritte mehrere Preise zugleich, zum Beispiel wenn er ein Lied mit lyrischem Text sang und dabei auf der Leier spielte in drei Kategorien oder beim Theater für die beste Bühnendarbietung und für das feschste Kostüm gleich zwei Lorbeerkränze. In Rom zog er wie ein siegreicher Feldherr im Triumphzug ein, nur daß er anstatt der Trophäen besiegter Völker seine gewonnenen Lorbeerkränze und Pokale präsentierte.

Inzwischen hatten sich einflußreiche Senatoren und militärische Befehlshaber gegen ihren exaltierten Kaiser gewandt; begünstigend dazu kam seine gesunkene Beliebtheit beim Volk. Als Nero sich weder um einen Krieg in Judäa noch um eine Revolte der westlichen Legionen kümmerte, weil er stattdessen lieber seine Stimme schulte oder mit seinen Beratern über die Vorzüge der Wasserorgel sprach und von seinem Vorhaben, auch als Ballettänzer aufzutreten, wurde er vom Senat zum Staatsfeind erklärt. Nach seiner offiziellen Absetzung versuchte er mit wenigen Vertrauten, die ihm noch die Treue hielten, zu flüchten, was aber scheiterte. Von den Verfolgern in die Enge getrieben, wählte er den Freitod, um der Verhaftung und Hinrichtung zu entgehen. „Welch ein Künstler geht mit mir zugrunde", soll er gesagt haben.

Nero war in seinen ersten fünf Regierungsjahren durchaus besonnen. Er war milde in der Rechtsprechung, erließ ein Gesetz, wohl unter dem Einfluß des Philosophen Seneca, der sein Lehrer in Jugendjahren und Berater war, das den Besitzern von Sklaven verbot, diese wie Sachen zu behandeln und willkürlich zu töten. Er förderte Wissenschaften und Künste, erwies dem Senat Respekt und hatte geeignete militärische Befehlshaber zum Teil selbst eingesetzt und so die außenpolitische Stabilität mit gewährleistet.

Die adligen Historiker schrieben trotzdem vorwiegend negativ über ihn. Im späteren christianisierten Rom wurde er gar zum Antichristen erklärt. Heute ist er zumindest teilweise rehabilitiert, dank neuer historischer Erkenntnisse auf Grundlage von Ausgrabungen und neutraler antiker Berichte. Dennoch bleibt `Quo vadis?´ mit Sir Peter Ustinov in seiner grandiosen Rolle des wahnsinnigen Nero ein toller Film.

Blitzkrieg im Kindergarten oder Public Viewing im Leichenhaus

Germanismen und Pseudo-Anglizismen

Daß heutzutage im deutschen Sprachraum viele Wörter aus dem Englischen verwendet werden, meist auf groteske Weise in deutsche Sätze `gesteckt´, ist bekannt. Weniger bekannt dabei ist, daß viele englische Wörter falsch verwendet werden oder es sie im Englischen nicht gibt. Bezeichnet werden sie als Pseudo-Anglizismen.

Über das Wort <u>Handy</u> wird sich in Großbritannien belustigt. Wenn der beliebte Komiker Stephen Fry auf deutsch fragt: „Wo ist mein Handy?" bricht das Publikum in Gelächter aus. Dieses unpassende Wort gibt es dort nicht. Das Wort <u>Beamer</u> gibt es im Englischen auch nicht für das, was hier damit gemeint ist. Ein Projektor heißt dort einfach Projector. Gebeamt wird nur bei Raumschiff Enterprise. Auch <u>Showmaster</u>, <u>Home Trainer</u>, <u>Oldtimer</u>, <u>Mobbing</u>, <u>Hotline</u> und <u>Servicepoint</u> sind keine in den englischsprachigen Ländern gebräuchlichen Bezeichnungen, sondern wirres Sprachflickwerk made in Germany.
  Eine deutsche Touristin wollte in einem Laden in Manhattan eine Baseball-Mütze kaufen und fragte nach einem <u>Basecap</u>. Der Verkäufer war irritiert. Ein Basecap ist dort eine Zierleiste vom Baumarkt. Ein deutscher Händler bot ernsthaft einen Rucksack als <u>Body Bag</u> an. In den USA wird als solches ein Leichensack bezeichnet. Und wenn sich hierzulande die Leute zum <u>Public Viewing</u> versammeln, erschaudern Touristen aus den USA. Denn dort ist Public Viewing die Bezeichnung für die Aufbahrung von Leichen im offenen Sarg.

Egal, ob die Wörter richtig aus dem Englischen übernommen oder wirr zusammengeflickt werden, bleibt es doch fragwürdig, warum die deutsche Sprache krampfhaft so verändert wird.

Wenn Globalplayer in ihrer Businesslounge genug gecoacht wurden (wie der Klimawandel noch zu beschleunigen ist), chillen sie, holen später ihre Yuppie-Girls vom Shoppen in der City ab und begeben sich zum Event in einer nahegelegenen Location und trinken unterwegs Coffee to go.

Inzwischen werden aber auch in englischsprachigen Ländern zuviele aus dem Deutschen übernommene Wörter von Sprachschützern beklagt.

Die New York Times titelte eine Buchkritik: `Marathon Mensch – An angst-ridden man encounters his doppelgänger´. Schüler mit schweren Ranzen werden <u>Überpackers</u> genannt, lebensgroße Weihnachtskrippen in den Vorgärten als <u>Überkitsch</u> bezeichnet. Es gibt <u>Pretzel</u>(!) und <u>Strudel</u>. Und ein <u>Jägerdude</u> ist einer, der auf Partys einen Jägermeister nach dem andern kippt. Im Unterschied zu den Briten aber ärgern US-Amerikaner deutsche Politiker nicht mit Wörtern wie *Achtung, Bomber, Panzer*, sondern finden deutsche Lehnwörter als Erbe der Dichter und Denker <u>wunderbar</u>. Das ist vor allem <u>Leitmotif</u>(!) und <u>Weltanschauung</u> der <u>Bildungsbürger</u>.

Viele deutsche Wörter sind dabei schon seit langem fest in den englischen Sprachgebrauch integriert, zum Beispiel <u>Blitzkrieg</u> und <u>Kindergarten</u>. In einer Strophe von `Sympathy for the Devil´ von den Rolling Stones singt Mick Jagger: „<u>when the Blitzkrieg race</u>". Es gibt sogar ein Verb <u>to blitz</u> (überrumpeln). Und eine Filmkomödie mit Arnold Schwarzenegger hat den Originaltitel `<u>Kindergarten Cop</u>´. Es gibt auch ein <u>Kinder Egg</u> oder <u>Kinder Surprise</u> (das Kinder Überraschungsei). `<u>Too many kinder in Americas gartens</u>´, lautete ein Titel in Newsweek. Das Wort abseilen wird verwendet als <u>to abseil</u>. Von <u>Autobahn</u> über <u>Lebkuchen</u> und <u>Leitkultur</u> bis <u>Zeitgeist</u> wurden viele deutsche Wörter ins Englische übernommen – <u>Gesundheit</u>!

Die deutsche und die englische Sprache sind eng miteinander verwandt; sie entstammen beide dem Altgermanischen und sind in etwa gleichem Maße mit Latein und Altgriechisch angereichert. Dennoch haben sie sich getrennt weiterentwickelt. Es ist in Ordnung, daß viele Wörter wechselseitig übernommen wurden, aber eine Totalvermischung, wie sie zur Zeit in Deutschland stattfindet und vor allem von Leuten vorangetrieben wird, die ihrer eigenen Sprache kaum mächtig sind, halte ich für ablehnenswert, zumal beide Sprachen für sich sehr schön sind.

Stört der Stör den Löwen?

Die indianischen Tierkreiszeichen

Die Astrologie ist ein wichtiger Bereich der Spiritualität der Indianervölker Nordamerikas. Den Charakteren der Menschen sind 12 Tierkreiszeichen zugeordnet. Diese symbolisieren im Unterschied zu den 12 europäischen Sternzeichen ausschließlich Tiere. Und die indianischen Zuordnungen der Wesensarten sind im Gegensatz zu einigen europäischen genau und richtig.

Das europäische Sternzeichen Fische ist vage, denn es bleibt offen, welche Fische gemeint sind – im Schwarm oder einzeln lebende? Haie oder Heringe? Sogar Haie ist noch zu vage – gemächliche Walhaie oder quirlige Tigerhaie? Die indianische Zuordnung für diesen Wesenstyp ist Puma. Das ist präzise. Und es ist meiner Erfahrung gemäß zutreffend.

In meiner Familie und in meinem Freundes- und Bekanntenkreis sind einige Fische-Geborene, auf die das Tierkreiszeichen Puma paßt. Sie sind sensibel und kratzbürstig, verantwortungsbewußt sowie herzig und schroff. Besondere Gaben sind Phantasie und Kreativität.

Lustig ist, daß beim Sternzeichen Löwe der Stör die indianische Zuordnung ist, also in etwa umgekehrt – immerhin ein als edel geltender Raubfisch, dessen Rogen ihm bzw. ihr besser gelassen würde.

Das Sternzeichen Schütze ist bei den Indianern der Wapiti. Auch das kann ich in meiner Familie und in meinem Freundes- und Bekanntenkreis bestätigen. Dieser Wesenstyp ist familiär und beständig, aber auch beharrlich und stur. Besonders ausgeprägt sind Gerechtigkeitssinn und Willenskraft.

Natürlich mag ich auch die übrigen Tierkreiszeichen und schätze viele Menschen, die ich kenne, die in diesen geboren sind, als da wären:
Rabe, Hirsch, Otter, Biber, Specht, Schneegans, Braunbär, Schlange und Roter Habicht.

Indianische Tierkreiszeichen	Europäische Sternzeichen	
Puma	Fische	19. Februar - 20. März
Roter Habicht	Widder	21. März - 20. April
Biber	Stier	21. April - 21. Mai
Hirsch	Zwillinge	22. Mai - 21. Juni
Specht	Krebs	22. Juni - 22. Juli
Stör	Löwe	23. Juli - 23. August
Braunbär	Jungfrau	24. August - 23. September
Rabe	Waage	24. September - 23. Oktober
Schlange	Skorpion	24. Oktober - 22. November
Wapiti	Schütze	23. November - 22. Dezember
Schneegans	Steinbock	23. Dezember - 20. Januar
Otter	Wassermann	21. Januar - 18. Februar

Die Grundmerkmale der Wesensarten von den Tierkreiszeichen treffen auf die Menschen meistens zu.

Ein weiterer astrologischer Faktor ist der Aszendent, der Wesensmerkmale unterschwelliger Art bezeichnet. Aszendent ist das Sternbild, das bei der Geburt über dem östlichen Horizont aufgeht. Aus 12 generellen Wesensarten werden so (12 x 12) 144 spezielle.

Noch weitere Faktoren sind die Positionen von Sonne, Mond und Planeten in Bezug zu den Sternbildern am Ort und zum Zeitpunkt der Geburt. Dadurch werden die Wesensarten nochmals um ein Vielfaches spezieller.

Schachboxen –

Sieg durch K. o. oder Schachmatt

Bei dieser ungewöhnlichen Sportart sind 11 Runden angesetzt, die zwischen Blitzschach und Boxen zu je 3 Minuten wechseln mit 1minütigen Pausen. Die ungeraden Runden sind Schachrunden. Klar ist dabei auch die Entscheidung nach Punkten möglich.

Iepe Rubingh, Begründer und erster Weltmeister

Iepe Rubingh, am 17. August 1974 in Rotterdam geboren, hat das Schachboxen erfunden und 2003 in Berlin den ersten Schachboxverein SBC gegründet. Zuerst veranstaltete er Schaukämpfe in Berlin, Amsterdam und Tokio. Bei der ersten Weltmeisterschaft, die 2003 in Amsterdam von der ebenfalls von ihm gegründeten Organisation WCBO (World Chess Boxing Organisation) ausgerichtet wurde, gewann der damals 29jährige den Titel.

Beim Titelkampf gegen Jean Louis Veenstra, genannt Louis The Lawyer, wurde es für Rubingh in der 7. Runde eng, als sein Springer auf F5 eingekesselt war. So versuchte er, den Kampf boxerisch zu entscheiden. In der 10. Runde trieb er seinen Kontrahenten in die Seile und traf ihn schwer, so daß er angezählt wurde, aber sogleich der Gong ertönte. Es kam zur 11. Runde, in der Louis, nicht mehr konzentrationsfrisch, beim Schach den entscheidenden Fehler machte. So fiel nicht er, sondern nur sein König.

Nach dem Sinn davon gefragt, erklärte Rubingh, er interessiere sich für die Dialektik von Körper und Geist, antike Ideale, Olympia und die Symbiose von Sport und Kunst. Vor dem Schachboxen fiel er als Aktionskünstler auf. In Berlin und Tokio hatte er dicht befahrene Straßenkreuzungen mit einem Gewirr von rot-weiß-gestreiften Bändern abgeriegelt und den Verkehr zum Erliegen gebracht, um ein Zeichen gegen verschwindende Freiräume zu setzen, wofür er in Tokio zehn Tage inhaftiert wurde. Auch hatte er in Berlin einen Baum mit Schläuchen ausgestattet in einen Springbrunnen verwandelt, was er ›Das Wunder von Berlin‹ nannte.

Inspiriert zur Idee des Schachboxens wurde Rubingh durch den Fantasy-Comic ›Froid Équateur‹, 1992, von Enki Bilal über ein surreales Turnier, das nach dem Boxkampf zur Schachpartie wechselt. Rubingh übte zuerst Boxen und Schach als separate Hobbys aus.

Iepe Rubingh wurde am 8. Mai 2020 leblos in seiner Berliner Wohnung aufgefunden. Mit 45 Jahren hatte sein Herz zu schlagen aufgehört.

The Joker, so sein Künstler- und Kampfname, ist es auf exzentrische und raffinierte Weise gelungen, mit seiner Sportart ein hohes Ideal aus der griechischen Antike in die heutige Zeit zu transportieren – die Einheit von Körper und Geist.

Damals war das Gymnasion (von gymnos = nackt) eine ganzheitliche Ertüchtigungsstätte, in der neben anfangs athletischen und kämpferischen Disziplinen bis zu militärischen Fertigkeiten bald auch Mathematik, Astronomie, Medizin, Rhetorik und Kunst vermittelt wurden. Heute erinnern die Wörter Gymnasium und Gymnastik nur noch entfernt daran.

Schachboxen sollte zur olympischen Disziplin erhoben werden.

Inzwischen ist Schachboxen international etabliert. Es gibt Mitgliedsverbände in den USA, Rußland, China, Indien, Italien, dem Iran und von der kooperierenden WCBA in England. Rubingh selbst war Vorsitzender des Dachverbandes WCBO mit Sitz in Berlin, der Wiege und Hochburg des Schachboxens. Zu würdigen ist auch, daß Rubingh seinen Ruhm gerne teilte. Enki Bilal hat er zum Ersten Ehrenmitglied ernannt. Von Boxverbänden und Schachverbänden gleichermaßen anerkannt, ist das Schachboxen inzwischen professioneller geworden mit hohen Zulassungsvoraussetzungen.

Chessboxing – A quest for the smartest and toughest

Pfeifenrauchsport –

Leistungsgemütlichkeit

In Würselen, nahe Aachen, trägt der 1876 gegründete Rauchclub Haal in einer gutbürgerlichen Gaststätte regelmäßig Meisterschaften im Pfeiferauchen aus.

Wolfgang Peltzer zeichnet
Irmgard Tropartz aus.

An der 38. Westdeutschen Meisterschaft 2017 nahmen 62 Frauen und Männer teil. Nachdem der Vorsitzende Wolfgang Peltzer, 74, den Countdown zur Startzündung gegeben hatte, war das Lokal Salmanushof alsbald von dichtem Qualm durchdrungen. Fenster dürfen nicht geöffnet werden, damit kein Luftzug den Tabak schneller brennen läßt. Denn nur wer am langsamsten ist, gewinnt.

Jeder erhält vorab eine Pfeife, drei Gramm Tabak, einen Holzstopfer und zwei Streichhölzer. Es gibt fünf Minuten zum Stopfen und eine zum Anzünden, dann läuft die Turnierzeit. Wem die Pfeife ausgeht, scheidet aus.

Den Weltrekord von 3:33:06 Stunden hatte Gianfranco Russcalla, ein Lehrer aus Turin, bei der Europameisterschaft 2008 in Würselen aufgestellt. Es gibt eine spezielle Technik, erklärte Uli Schäfer, 57, der Titelverteidiger und Sieger dieser Westdeutschen Meisterschaft. Sein Rat ist, unten locker und oben fester zu stopfen und die Glut spiralförmig abbrennen zu lassen.

Eigentlich ist Pfeiferauchen ja etwas Gemütliches; beim Rauchsport wird es jedoch zu etwas Leistungsorientiertem. Denn es geht um Titel, Pokale und Rekorde. Ute Driessen, 69, eine der Teilnehmerinnen, ist dazu gelassen eingestellt. Während des Turniers sagte sie, es sei ein toller Sport, bei dem man sich überhaupt nicht zu bewegen brauche. Und sie freue sich schon auf die Zigarette anschließend.

Am Schluß lieferten sich Uli Schäfer und der amtierende Deutsche Meister Wilfried Köhler, 58, ein Kopf-an-Kopf-Rauchen, bei dem Köhler mit 1:28:30 Stunden Schäfer mit 1:40:45 Stunden unterlag. Bei den Damen gewann die Titelverteidigerin Irmgard Tropartz, 78, mit 45:03 Minuten.

24

Als nächstes steht die Weltmeisterschaft in Tokio an.

Gianfranco Russkalla

Worldcup-Teilnehmerinnen

π
Die Kreiszahl mag keinen Föhn. –
Ein Vorstoß in die Unendlichkeit

Shigeru Kondo   Alexander Yee

Die Kreiszahl Pi ist eine der wichtigsten Konstanten in der Mathematik. Zwei zahleneuphorische Forscher machten sich daran, sie auf 10 Billionen Nachkommastellen zu berechnen. Es wurde eine abenteuerliche Reise ins Unbekannte, ähnlich spannend wie ein Ausflug ins Universum.

Der Umfang eines Kreises geteilt durch seinen Durchmesser ergibt 3,14. Dies gilt für alle Kreise, ob Ring oder Äquator. Nur ist 3,14 noch nicht die ganze Zahl Pi. Sie läuft weiter 3,1415926535897932384626433832795950... in die Unendlichkeit.

Der Informatikstudent Alexander Yee und der Systemingenieur Shigeru Kondo hatten beide schon mehrere Weltrekorde aufgestellt bei der Codierung von Konstanten (zusammengesetzte Zahlen, die einen Zweck erfüllen und sich einer abschließenden Bestimmung entziehen). Für Pi taten sie sich zusammen. Kondo baute in einem Zimmer seiner Wohnung viele Computer zu einer Art Supercomputer zusammen, bis es wie im Kontrollzentrum eines Kraftwerks aussah, während Yee seinen Code trimmte mit der schnellsten Formel, die es gab. Aufgestellt hatten sie die Brüder Chudnowsky, zwei Mathematiker, die in den 80er Jahren in ihrer Wohnung ebenfalls mit einem selbstzusammengebauten Supercomputer bis auf 1 Milliarde Stellen in Pi vorgeschossen waren.

Im Mai 2010 wagten Kondo und Yee einen ersten Vorstoß und kamen bis auf 5 Billionen Dezimalstellen. Der bisherige Rekord eines französischen Kryptologen lag bei 2,7 Billionen Stellen. Von diesem Ergebnis bestärkt, beschlossen sie einen erneuten Vorstoß.

Am 10.10.2010 um 10:33:45 Uhr Systemzeit gab Kondo dem Computer das Startsignal zur Berechnung. Dann wurde es krass, erzählte Yee. In Sekundenschnelle schossen sie am Feynman-Punkt vorbei, einer Folge von sechs Neunern ab Dezimalstelle 762, 999999, die letzte Wegmarke auf der Reise in die Unendlichkeit, die noch ohne Computer erreichbar ist. Dahinter fällt

Pi wieder zurück auf wahllos aufeinander zu folgen scheinende Ziffern. Das ist noch der bekannte Bereich, in dem sich an bestimmten Stellen besondere Zahlenfolgen befinden, die wie Wegweiser scheinen und eine geheime Ordnung zu erkennen glauben lassen. Ab der 300millionsten Stelle steht ein Massiv von acht Achten, 88888888, später folgt eines von zehn Sechsern, 6666666666. Weit hinter der 500milliardsten Stelle steht eine Zahlenreihe, 123456789.

Daß bis dahin soweit alles funktionierte, verblüffte Kondo und Yee, die längst mit einem Computer-Kollaps gerechnet hatten. Die Maschine und der Code bewältigten bis zu 17 Milliarden Rechenoperationen in der Sekunde, und das schon seit mehreren Wochen ohne Unterbrechung. Am 9. Dezember 2010 passierte es dann. Das überlastete System hing fest und fing von vorne an. Obwohl es inzwischen Winter war, herrschten im Computerraum 40 Grad Celsius. Kondos monatliche Stromkosten schnellten ins Hundertfache empor. Seine Frau wußte den Umstand zu nutzen; nasse Wäsche brauchte sie nur in die Nähe von `Pi´ zu hängen, schon war sie trocken. Haarföhne hingegen können für Pi riskant werden. Während der ersten `Reise´ wollte sich seine Tochter die Haare föhnen, was die Hauptsicherung herausfliegen ließ. Nur durch eine Notstrombatterie konnten sie Pi auf der Spur bleiben. Am 11. Februar 2011 brannte dann die erste Festplatte durch. Die Ausfälle nahmen zu. Viermal waren sie zur Umkehr gezwungen, unternahmen vom Basislager auf 5 Billionen Stellen jedesmal neu Anlauf, während sie die von Pi zertrümmerten Festplatten dutzendweise austauschten. Sie hofften, bis 10 Billionen zu kommen; mehr würde die Computerspeicher bersten lassen.

Am 16. Oktober 2011 kamen sie schließlich bei der 10billionsten Stelle an, einer 5.

Eine metaphysische Zahlenordnung in Form von zyklisch wiederkehrenden Ziffernfolgen konnten sie zwar nicht entdecken (was natürlich nicht ausschließt, daß sich solches an viel späterer Stelle abzeichnet, da Pi ja unendlich ist), dafür sind sie in mathematische Weiten vorgedrungen, die noch kein Mensch zuvor erreicht hat.

Keltische und germanische Gene, laurentische und gondwanische Trilobiten und ein pangäisches Supergebirge

Die alteingesessenen Bevölkerungen von England und Wales sind zwar beide britisch, genetisch jedoch nicht miteinander verwandt, wie Genforscher des University College in London 2001 herausfanden. Sie widerlegten damit die vorherrschende Historiker-Annahme, die Bevölkerung Großbritanniens sei durch Neubesiedlungen, Invasionen und Fremdherrschaften im Laufe der Geschichte zu einem Mischvolk geworden.

Für ihre Vergleichsstudie nahmen die Forscher in zwei walisischen und fünf englischen Kleinstädten, die schon seit 1086 verzeichnet sind, DNA-Proben von 313 Männern, deren Väter und Großväter dort oder im Umkreis geboren worden waren. Zudem untersuchten sie die DNA von 94 Personen im niederländischen Friesland. Das Ergebnis ist aufschlußreich. Während friesische und englische Chromosomen einander gleichen, sind englische und walisische grundverschieden. Es ist also nicht zu solchen Gesamtbevölkerungsvermischungen gekommen.

Die alteingesessenen Bevölkerungen von Cornwall, Wales, Schottland und Irland sind genetisch miteinander verwandt. Interessant ist auch ein Vergleich mit Deutschland. Denn die gerade aufgezählten Altbevölkerungen sind auch mit jener in der südlichen Hälfte Deutschlands verwandt. Im Unterschied dazu ist die alteingesessene Bevölkerung Englands mit der von Norddeutschland verwandt.

Der Grund dafür liegt in der Geschichte. Im Süden Deutschlands, bis nach Nordhessen, lebten in der Antike keltische Völker, während nördlich davon bis nach Skandinavien germanische Völker lebten. Britannien und Irland waren damals von keltischen Völkern besiedelt. Ab dem 5. Jahrhundert, zur Zeit der großen Völkerwanderung, als Rom in eigener Drangsal seine Legionen aus der Provinz Britannia abzog, drängten die germanischen Stämme der Angeln, Sachsen und Jüten von ihrer Heimat an der heutigen deutschen und dänischen Nordseeküste nach Britannien. Anfangs gelang es den Kelten noch, die Invasion abzuwehren, aber sie waren untereinander befehdet und betrieben Kleinstaaterei. Es drängten immer mehr Germanen nach, die sich irgendwann festsetzten. Angeln und Sachsen vereinigten sich zum Volk der Angelsachsen – der Name England stammt von Angelnland. In Cornwall, Wales und Schottland blieben die keltischen Völker für sich, die von den Angelsachsen verächtlich Walisen genannt wurden – das sächsische Wort für Fremdlinge.

Viele Britannier siedelten über an die fränkische Atlantikküste und begründeten die Bretagne. In direkter Nachbarschaft bekamen dänische und norwegische Wikinger im frühen 10. Jahrhundert vom fränkischen König ein Lehen, um sie von ihren Raubzügen an der fränkischen Küste abzuhalten, worauf sie dem Christentum beitraten und das höfisch-ritterliche Leben übernahmen. Sie begründeten die Normandie und vereinigten sich mit den dort lebenden Franken, einem anderen germanischen Volk, das Frankreich und Deutschland begründete, und mit Nachfahren von Galloromanen und britannischen Kelten, die dort im Exil lebten. Das so entstandene Volk der Normannen wurde zu einer der bedeutendsten Militärmächte im Mittelalter.

Fasziniert von der damals populären Sage um Artus, den letzten keltischen König Britanniens, und seine Ritterschaft der Tafelrunde, waren die Normannen den Angelsachsen, die sie für Landräuber hielten, feindlich gesonnen. Im Jahr 1066 setzte der normannische Herzog Wilhelm – seitdem Wilhelm der Eroberer genannt – mit einer Armee nach Britannien über. An ihrer Seite war ein bretonisches Heer. Gemeinsam besiegten sie die Angelsachsen. Es war gewissermaßen ein später Befreiungskrieg, der in nur einem Eroberungszug entschieden wurde. Die Angelsachsen mußten sich unterordnen. Die Bretonen hatten ihre alte Heimat zurück und bildeten einen Bevölkerungsteil neben Normannen und Angelsachsen, während die Völker in Cornwall, Wales, Schottland und Irland keltisch blieben.

Zwischen England und Schottland besteht auch ein geologischer Unterschied. Zu den erdgeschichtlichen Ursachen gibt es verschiedene Theorien, welche Urkontinente beteiligt waren und zu welcher Zeit. Eine Theorie: Bis vor ca. 410 Millionen Jahren war Schottland Teil von Laurentia, während England mit Gondwana verbunden war. Als die beiden Urkontinente aufeinandertrafen, wurden die Highlands emporgeschoben – so hoch wie der Himalaya. Erwiesen ist: Fossile Funde von Trilobiten zeugen davon, daß die beiden Länder ureinst nicht miteinander verbunden waren. Die Trilobitenart von Schottland ist die gleiche wie von Nordamerika, aber eine andere als von England und dem europäischen Festland. Ein weiterer Faktor ist, daß sich vor ca. 300 Millionen Jahren die Erdkruste dehnte und an den Rißstellen erstarrte Lava erodierte. Dadurch bildete sich an der Nahtstelle zwischen Schottland und England ein Felsmassiv von der Atlantikküste bis zur Nordseeküste – dort, wo im Jahr 122 der Hadrianswall erbaut wurde und in der Nähe die spätere nationale Grenze gezogen wurde.

Eine weitere Theorie, die konträr ist zur Entstehungszeit der Highlands: Vor ca. 250 Millionen Jahren, zur Zeit des letzten Superkontinents Pangäa, bildete sich durch ein erneutes Aufeinandertreffen der Kontinentalplatten ein Gebirgszug, der sich von den Appalachen im Osten Nordamerikas über Neufundland bis nach Irland, Schottland und Norwegen erstreckte und so hoch war wie der Himalaya. Die in heutiger Zeit durch den Atlantik voneinander getrennten Bergregionen jener Länder sind Überbleibsel davon und erwiesenermaßen geologisch eng miteinander verwandt.

Trilobit

Hadrianswall

Teil II

Bedeutungen

Was macht Venus am Freitag?

Die Bedeutungen der Wochentagsnamen

Alle Wochentage sind von den Römern nach ihren Gottheiten benannt worden. So sind der Sonntag Sol, der Montag Luna, der Dienstag Mars, der Mittwoch Merkur, der Donnerstag Jupiter, der Freitag Venus und der Samstag Saturn gewidmet.

Das Wort Tag kommt von Dagr, auch Dag, dem Gott und der Personifikation des Tages in der nordischen Mythologie.

Im Deutschen haben sich der Sonntag nach dem Sonnengott Sol und der Montag, eigentlich Mondtag, nach der Mondgöttin Luna erhalten, so auch im Englischen: Sunday und Monday.

Der Dienstag/Tuesday, ursprünglich der Tag des Mars, Gott des Krieges und der Vegetation, wurde im Deutschen und Englischen nach Tiu, auch Tyr, dem germanischen Gott des Kampfes und Sieges, umbenannt.

Der Mittwoch bedeutet ganz unmythologisch Mitte der Woche. Wednesday hingegen leitet sich ab von Wodan, auch Wotan, dem germanischen Hauptgott, Allvater Odin bei den Nordgermanen.

Der Donnerstag/Thursday ist nach seinem Sohn, dem Donnergott Donar, Thor bei den Nordgermanen, benannt. Kompliziert ist, daß beim Wednesday Merkur, Götterbote und Gott des Handels, durch Wodan als Namensgeber ersetzt wurde, der ranggleich ist mit Jupiter, dem römischen Hauptgott. Dessen Tag wurde dagegen nach Wodans/Odins Sohn Donar/Thor umbenannt, vielleicht wegen der Blitze, die wie zu Jupiters auch zu seinen Attributen zählen; Donner/Thunder stammt von seinem Namen.

Der Freitag/Friday, ursprünglich der Tag der Venus, Göttin der Liebe, wurde im Deutschen und Englischen umbenannt nach den beiden höchsten germanischen Göttinnen: Frigg, auch Frija, vom Göttergeschlecht der Asen, Gemahlin von Allvater Odin, Göttin der Ehe und Mutterschaft, des Herdfeuers und Haushaltes, und Freya, auch Freia oder Freyja, vom Göttergeschlecht der Wanen, Göttin der Fruchtbarkeit und des Frühlings, des Glücks und der Liebe, Lehrerin des Zaubers und Anführerin der Walküren. Vom Prinzip her ist er also weiterhin auch der Tag der Venus. Was macht sie also dann? Feiern, vielleicht mit Frigg und Freya.

Der Samstag/Saturday ist im Englischen klar nach Saturn, dem Herrscher der Titanen und Vater von Jupiter, benannt geblieben. Im Deutschen dagegen ist es ungeklärt, ob eine Umbenennung erfolgt ist, die sich auf den jüdischen Sabbat bezieht oder ob Sams für Saturn steht.

Im Französischen ist es ähnlich mit Samedi. Im Italienischen und Spanischen ist der Samstag nach dem Sabbat benannt. In den drei romanischen Sprachen wurde der Sonntag nach kirchlich: dies dominicus = Tag des Herrn umbenannt. Die fünf weiteren Wochentage sind dafür nach den römischen Gottheiten benannt geblieben.

deutsch:	englisch:	lateinisch:	französisch:	italienisch:	spanisch:
Sonntag	Sunday	dies Solis	Dimanche	Domenica	Domingo
Montag	Monday	dies Lunae	Lundi	Lunedi	Lunes
Dienstag	Tuesday	dies Martis	Mardi	Martedi	Martes
Mittwoch	Wednesday	dies Mercurii	Mercredi	Mercoledi	Miércoles
Donnerstag	Thursday	dies Iovis	Jeudi	Giovedi	Jueves
Freitag	Friday	dies Veneris	Vendredi	Venerdi	Viernes
Samstag	Saturday	dies Saturni	Samedi	Sabato	Sábado

Frühjahrsputz im Februar

Die Bedeutungen der Monatsnamen

Alle Monatsnamen stammen aus römischer Zeit.

Das Jahr war schon in frührömischer Zeit in zwölf Monate eingeteilt, die nach dem Mondkalender ausgerichtet waren. So leitet sich Monat von Mond ab, Monade ist die Bezeichnung für einen Mondumlauf. Weil ein Mond-Monat zwischen 27,3 und 29,5 Tage dauert, wurde ein Schaltmonat eingefügt, später der Sonnenkalender eingeführt, bei dem zum Ausgleich ein Schalttag genügt, der im Februar, dem letzten und kürzesten Monat des Jahres, eingefügt wurde.

März/March von Martius
Im altrömischen Kalender begann das Jahr mit dem März, benannt nach Mars, dem Gott des Krieges und der Vegetation. Dieser Jahresbeginn war auch passend, weil am 1. März meteorologischer Frühlingsanfang ist und die Natur schon dabei ist, zu neuem Leben aufzublühen: Schneeglöckchen, Winterlinge, Krokusse und Primeln sind schon munter, Märzveilchen und Anemonen gesellen sich dazu.

April von Aprilis
Unklar, jedoch möglich ist, daß der zweite Monat nach Aphrodite, griechischer Name der Venus, benannt ist. Gewöhnlich wird der April auf das Verb aperire = öffnen zurückgeführt, womit das zunehmende Aufblühen der Vegetation gemeint ist. Auch das Adjektiv apricus = sonnig ist als Ursprung des Namens möglich.

Mai/May von Maius
Maia, die italische und griechische Göttin des Wachstums und der Vermehrung, gilt als Namensgeberin des dritten Monats, in dem jährlich ein Fest zu ihren Ehren stattfand.

Juni/June von Iunius
Der vierte Monat ist nach Juno, Hauptgöttin, Gemahlin und Schwester von Jupiter, benannt.

Juli/July von Iulius
Gaius Julius Caesar zu Ehren wurde der fünfte Monat, sein Geburtsmonat, nach ihm benannt.

August von Augustus
Augustus, dem ersten römischen Kaiser, zu Ehren wurde der sechste Monat nach ihm benannt.

September von September
Siebenter Monat, von septem = sieben – Eine Benennung dieses Monats nach ihm, lehnte Tiberius, der zweite Kaiser, ab.

Oktober/October von October
Achter Monat, von octo = acht

November von November
Neunter Monat, von novem = neun

Dezember/December von December
Zehnter Monat, von decem = zehn

Januar/January von Ianuarius
Der elfte Monat ist nach Janus, Gott des Einganges und des Ausganges, der Türen und Tore, dargestellt mit zwei Gesichtern, einem vorne und einem hinten, benannt.

Februar/February von Februarius
Der zwölfte Monat war der Reinigung und Sühne gewidmet. Benannt ist er nach Februus, dem etruskischen Gott der Unterwelt, der mit Pluto, dem römischen Gott der Unterwelt, gleichgestellt wurde, so daß dieser den Beinamen Februus trägt. Ebenfalls benannt ist der Monat nach Februa, der Fiebergöttin, febris = Fieber; dies war eine Funktion von Juno, und Februa war ihr Beiname. Das gleichnamige Fest, auch Februalia genannt, war der Reinigung der Lebenden und der Sühnung der Verstorbenen gewidmet. Die

Reinigung war vor allem auf mentaler und emotionaler Ebene vorzunehmen. Deshalb hieß der Monat auch Februarius mensis = Reinigung des Geistes. In der zweiten Monatshälfte sollten alle freudigen Beschäftigungen unterbleiben. Innere Einkehr und Besinnung sollten gehalten, den Gottheiten geopfert und Häuser, Begräbnisplätze und Städte von neuem geweiht werden. Es war also ein individueller, kollektiver und staatlicher Reinigungsprozeß, der am Ende eines Jahres stattfand. Sicher fand in diesem Monat auch eine gründliche Haussäuberung, der Frühjahrsputz, statt, rechtzeitig vor dem März als Frühlingsanfang und Jahresbeginn.

Ab 153 v. Chr. traten in Rom die für ein Jahr gewählten Konsuln ihr Amt am 1. Januar an, weshalb der Jahresbeginn auf dieses Datum verlegt wurde.

Keine Panik im Paradies!
oder Der Kosmos ist o.k.

Ein bißchen Etymologie

Etymologie ist die Wissenschaft von der Herkunft und der Bedeutung von Wörtern.

Zuerst erkläre ich die Wörter in der Überschrift.

<u>Panik</u> – von Pan, dem Gott des Waldes und der Natur in der griechischen Mythologie. Pan, mit zotteligem Haar, Hörnern und Unterleib eines Bockes dargestellt, lebte in den Wäldern Arkadiens und spielte gerne auf der Syrinx, einer siebenrohrigen Flöte, auch Panflöte genannt. Manchmal machte er sich einen Jux daraus, Wandernde zu erschrecken, indem er plötzlich aus dem Unterholz auf den Weg sprang und diese in `panischem Schrecken´ davonliefen. Auch vertrieb er mit einem Ruf ganze Tierherden, wenn er in seiner Mittagsruhe gestört wurde. Der Name Pan steht in Zusammenhang mit der altgriechischen Vorsilbe pan = all, gesamt, denn Pan hatte auch den Beinamen Allgott.

<u>Paradies</u> – von altpersisch: Paradaidha = Garten

<u>Kosmos</u> = Ordnung – wahrscheinlich eine Wortschöpfung des griechischen Universalgelehrten Pythagoras

<u>O.K.</u> – wahrscheinlich von altgriechisch: ola kala = alles gut – und von altgriechisch: oikeios = passend

Und weil es gerade so schön ist, noch ein paar Wörter:

<u>Buchstabe</u> – von germanisch: Buohstap = Buchenstab
Weil sich Buchenholz leicht spalten läßt, verwendeten es die Germanen für Runenstäbchen. Runen heißen ihre Schriftzeichen, die sie auf Buchenstäbchen ritzten. Buch stammt daher von Buche.

Roboter – von lateinisch: robur = Stärke, Kraft; robustus = stark, kräftig – später auch von polnisch/tschechisch: Robota = Fronarbeit, Zwangsdienst
Anmerkung
Es gibt auch Roboter, die davon nichts halten, wie Schlupp vom Grünen Stern, der lieber singt und tanzt, im gleichnamigen Film der Augsburger Puppenkiste.

Großen Anteil an den westeuropäischen Sprachen haben Latein und Altgriechisch, was beweist, daß diese keine `toten Sprachen´ sind, wie von vielen gemeint wird. In den Geistes- und Naturwissenschaften stammen sogar fast alle Bezeichnungen aus diesen beiden Sprachen.

Bei den folgenden Beispielsätzen, die ich mir ausgedacht habe, wird das deutlich.

Der Akademiker hat Horror davor, auf dem Asphalt-Weg zur Spelunke in Hunde-Kacke zu treten.

In diesem Satz stehen 3 Wörter altgriechischer und 2 lateinischer Herkunft.

Akademiker, Akademie – von akademia – angeblich nach dem Heros Akademos benannter Lusthain bei Athen, wo Platon lehrte

Horror – von horribilis (lat.) = schrecklich, grauenvoll

Asphalt – von asphaltos = Erdpech

Spelunke – von spelunca (lat.) = Höhle, Grotte

Kacke – von kakos = schlecht

Die sympathische Astronomin nimmt auf dem Dach ihrer nostalgischen Villa mit ihrer neuen dreidimensionalen Super-System-Kamera ultra-scharfe Panorama-Fotos von den Sternen der Galaxis und der Atmosphäre über dem Ozean auf.

In diesem Satz stehen 9 Wörter altgriechischer und 7 lateinischer Herkunft.

sympathisch, Sympathie – von sympathein = mitleiden, mitempfinden – syn = zusammen + pathos = Leiden

Astronomin, Astronomie – von astron = Stern, Gestirn

nostalgisch, Nostalgie – von nostos = Heimkehr + algos = Schmerz

Villa – villa (lat.) = Landhaus

neu – von novus (lat.)

dimensional, Dimension – von dimensio (lat.) = Ausmessung

super – super (lat.) = oben, auf, darüber (hinaus)

System – von systema = Gebilde – syn = zusammen + histanai = stellen

Kamera – camera (lat.) = Wölbung, Raum mit gewölbter Decke

ultra – ultra (lat.) = jenseits, über...hinaus

Panorama – von pan = gesamt + horama = Anblick

Foto – von photos = Licht

Stern – von stella (lat.)

Galaxis – von gala, galaktos (Gen.) = Milch; davon hergeleitet: Milchstraße

Atmosphäre – von atmis = Dampf + sphaira = Kugel, Ball

Ozean – von Okeanos, Titan der Meere in der griechischen Mythologie; Name des mythischen die Erde umfließenden Weltstromes

Vor den Ferien werden die Fenster geputzt, dann macht die Familie eine Omnibus-Reise ans Meer, denn mit dem Automobil zu fahren, wäre eher nervig (Stau, Navi funktioniert nicht, etc.); optimal ist, wenn schon die Anreise relaxierend ist, um sich am Urlaubsort auf die Natur zu konzentrieren, ehe im September die Schule wieder anfängt mit vollem Pensum.

In diesem Satz stehen 16 Wörter lateinischer und 1 zusammengesetztes Wort altgriechischer und lateinischer Herkunft.

Ferien – von feriae = Ruhe-, Feiertage

Fenster – von fenestra

Familie – von familia

Meer – von mare

Omnibus = allen, für alle – omnes = alle + ibus = Endung im Dativ und Ablativ Plural – Zu sagen, man fährt mit dem Bus, ist sprachlicher Unsinn. Obwohl ich das weiß, sage ich manchmal auch Bus.

Automobil – von autos (altgrch.) = selbst + mobilis (lat.) = beweglich – Hierbei verhält es sich ähnlich; zu sagen, man hat ein neues Auto, heißt wörtlich, man hat ein neues Selbst. Da jedoch für viele ihr Automobil eine Art Egoprothese ist, mag es zutreffen.

nervig, Nerv – von nervus = Sehne, Muskel

Navi, Navigation – von navigatio = Schiffahrt

funktionieren, Funktion – von functio = Verrichtung

etc. – et´cetera = und das übrige

optimal = bestmöglich – zu optimus = der Beste

relaxieren = zur Ruhe kommen – von relaxare = lose machen

Natur – von natura

konzentrieren, Konzentration – von con = zusammen mit + centrum = Mitte – von kentron (altgrch.) = Kreismittelpunkt

September – September = siebenter Monat – septem = sieben

Schule – von schola

Pensum – pensum = Aufgabe

41

Manche Wörter gelangten auf Umwegen in die deutsche Sprache, wie das schon vorgestellte Wort Roboter und das aus dem Englischen übernommene Wort Computer, das ursprünglich aus dem Lateinischen stammt.

Computer – von computare = rechnen

Manche Wörter haben im deutschen Sprachgebrauch eine andere Bedeutung bekommen. So werden die aus dem Altgriechischen stammenden Wörter Banause und Idiot abwertend verwendet. Dabei waren diese ursprünglich Berufs- und Statusbezeichnungen.

Banause – von banausos = Handwerker

Idiot – von idiotes = Privatperson

Beim aus dem Altgriechischen stammenden Wort Planet ist es umgekehrt.

Planet – von planete = Streuner, Landstreicher – Hinzu kam erst später die Bedeutung Wandelstern. Das Wort erfuhr also eine Aufwertung. Die alten Griechen bezeichneten die meisten Himmelskörper als astron = Gestirn, Stern – auch aster, wie die Herbstblume heißt. In unserem Sprachgebrauch werden als Planeten (engl.: planets) Himmelskörper ab einer bestimmten Größe, die ihre Bahnen um eine Sonne ziehen, bezeichnet.

Apropos: Treffen sich ein anderer Planet und die Erde.

„Wie geht´s dir?“

„Schlecht.“

„Was hast du denn?“

„Homo sapiens.“

„Mach´ dir nichts draus, das geht vorbei.“

Manche Wörter werden falsch unterschieden, Oberbezeichnungen mit Bezeichnungen verwechselt.

<u>Video</u> – video (lat.) = ich sehe, von videre = sehen – In der Unterhaltungselektronik-Branche wurde von vielen Herstellern und Fachverkäufern, von den Nutzern ganz zu schweigen, irrtümlich zwischen Video-Geräten und DVD-Geräten unterschieden. Dabei ist ein DVD-Gerät auch ein Video-Gerät. Richtig ist es, zwischen DVD-Geräten, DVD = Digital-Video-Disc, und VHS-Geräten, VHS = Video-Home-System, zu unterscheiden. Früher gab es noch die Videosysteme Betamax und Video 2000. Video ist die Oberbezeichnung, VHS und DVD sind System-Bezeichnungen.

Auch werden Wörter falsch kombiniert.

<u>Bibliothek</u> = Büchersammlung – von altgriechisch: biblion = Buch + theke = Behältnis, Kasten; <u>Musik</u> = Kunst der Töne – von lateinisch: musica – von altgriechisch: mousike (techne) = Musenkunst – In Wiesbaden wurde die Stadtbücherei in eine Mediathek umgewandelt, in der sich auch eine als solche bezeichnete Musikbibliothek befindet. Wenn dieses Wort von den Betreibern richtig verstanden worden wäre, dürfte es dort nur Bücher zum Thema Musik geben. Das Verleihsortiment besteht jedoch vorwiegend aus Tonträgern. Musicathek ist das richtige Wort für das, was gemeint ist.

Und es werden Wörter kombiniert, die bedeutungsgleich sind, was unsinnig ist und als Tautologie bezeichnet wird.

<u>biovital</u> – als solches werden manche Produkte in der Nahrungsmittelbranche bezeichnet. – bios (altgrch.) = Leben; vita (lat.) = Leben – Vielleicht haben die zuviel Nimm 2 gegessen.

<u>Klammheimlich</u> schnappte sich die Maus den Käse. – clam (lat.) = heimlich Diese Verdoppelung ist im deutschen Sprachgebrauch üblich.

Die Deutschlandflagge in Gold-Rot-Schwarz?
Das walisische Kreuz nicht im Union Jack?

Ein bißchen Vexillologie

USA – Vereinigte Staaten von Amerika

Die Streifen stehen für die 13 Gründungsstaa-ten, die Sterne für die 50 Bundesstaaten. Während der Unabhängigkeitsbewegung befand sich im Gösch noch der Union Jack (um 1775). Seit der Gründung der USA kam für jeden neuen Bundesstaat am folgenden 4. Juli ein Stern hinzu. Die dritte Abbildung zeigt 33 Sterne in Diamantform auf der Flagge von Fort Sumter 1861, zu Beginn des Sezessionskrieges. Damals war die Anordnung der Sterne noch nicht festgelegt, und es waren mehrere Varianten gebräuchlich. Seit 1960, nachdem Alaska als Bundesstaat aufgenommen wurde, ist die Anzahl der Sterne gleichgeblieben.

CSA – Konföderierte Staaten von Amerika

Die Nationalflagge von 1861 bis 1863 hat 13 Sterne für die in der Konföderation zusammengeschlossenen Südstaaten. Erst 1863 wurde das Sankt-Andreas-Kreuz im Gösch auf weißem Grund die neue Flagge. Das Weiß sollte die Reinheit der Motivation der Südstaaten symbolisieren. Weil auf See bei Flaute Verwechslungsgefahr mit der Kapitulationsflagge bestand, wurde 1865 der rote Balken als Symbol für Blut hinzugefügt – kurz vor Kriegsende.

Die heute als Flagge der Südstaaten bekannte ganzflächige Variante wurde von der Regierungskommission als Nationalflagge abgelehnt, weil das Schrägkreuz zu sehr an Hosenträger erinnere. Dabei war sie schon seit 1861 in quadratischer Form die Kriegsflagge der Hauptarmee der CSA. Rechteckig mit hellblauem Kreuz befand sie sich im Gösch der Kriegsmarine.

Mississippi
Die aktuelle Staatsflagge von Mississippi ist heute die einzige ihrer Art.

Georgia
Diese Flagge ist an der ersten Nationalflagge der CSA orientiert.

Texas
Die texanische Staatsflagge ist sehr typisch.

Hawaii
Die Flagge des 49. Bundesstaates enthält als einzige den Union Jack.

Alaska
Die Flagge des 50. Bundesstaates zeigt das Sternbild Großer Wagen mit dem Polarstern.

Australien

Unter dem Union Jack, als Zeichen der Zugehörigkeit zum Commonwealth, symbolisiert der große Stern die 6 Bundesstaaten und die Territorien. Die fünf Sterne rechts stellen das Sternbild Kreuz des Südens dar.

Neuseeland

Die vier markanten Sterne des Sternbildes Kreuz des Südens zieren die Flagge.

UK – Vereinigtes Königreich Großbritannien und Nordirland

Der Union Jack ist die Zusammenlegung der Flaggen von England, Schottland und Irland mit den Kreuzen ihrer Nationalheiligen

England

Das Sankt-Georgs-Kreuz ist seit der Zeit der Kreuzzüge die englische Flagge.

Schottland

1606 kam durch die Union mit Schottland das Sankt-Andreas-Kreuz hinzu. Es gab damals auch eine schottische Version des Union Jack, bei der das weiße Kreuz vorgelagert war.

Nordirland

Als 1801 auch Irland Teil der Union wurde, sollten das hinzukommende Sankt-Patricks-Kreuz (eigentlich ein rotes Andreaskreuz), das damals noch für ganz Irland stand, und das Sankt-Andreas-Kreuz gleichrangig erscheinen, deshalb ist das Patrickskreuz auf dem Union Jack versetzt.

Wales

Die Flagge mit dem Sankt-Davids-Kreuz ist die einzige der vier Nationen des Vereinigten Königreiches, die nicht im Union Jack enthalten ist. Grund dafür ist, daß Wales schon 1536, also vor der Gründung des UK, an England angeschlossen wurde und dessen Flagge ab dann für beide Nationen galt. Die heutige offizielle Flagge mit dem roten Drachen, der einer Legende nach einen weißen Drachen besiegt hat, ist symbolhaft für den Sieg der Kelten über die Angelsachsen. Der weiße und der grüne Streifen stammen von dem walisischen Königsgeschlecht Tudor, das von 1485 bis 1603 in England herrschte. Also übergingen sie ihr Davidskreuz damals selbst.

Cornwall

Das Sankt-Pirans-Kreuz ist die Flagge des keltischen Herzogtums in Englands Südwesten.

Shetland

Das skandinavische Kreuz auf der Flagge der nördlichsten Inselgruppe Schottlands ist ein Erbe der Wikingervorfahren – in den Farben der schottischen Flagge.

Orkney

Rot und gelb stammen von den Wappen Norwegens und Schottlands und symbolisieren den historischen Bezug zu beiden Ländern. Blau steht für die Flagge Schottlands und das Meer sowie die Seefahrtstradition.

Caithness

Die Flagge der Grafschaft an Schottlands Nordostküste symbolisiert mit Rabe und Segelschiff das Wikingererbe.

Das skandinavische Kreuz wird auch als Philippuskreuz, nach dem Apostel, und als Kreuz des Nordens bezeichnet.

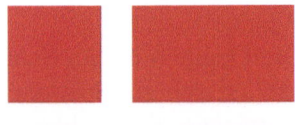

Dänemark
Die Flagge stammt aus der Zeit der Kreuzzüge und ist mit englischer, schottischer und walisischer vielleicht die älteste der Welt. Die Farben entstammen dem Wappen des Königshauses.

Schweden
Die Farben entstammen dem Wappen des Königshauses.

Finnland
Das Weiß steht für den Schnee und das Blau für die Seen des Landes, das bis 1809 an Schweden und bis 1917 an Rußland angeschlossen war.

Norwegen
Grund für die Ähnlichkeit mit der dänischen Flagge ist der Anschluß Norwegens an Dänemark von 1380 bis 1814. Rot ist dabei auch die Wappenfarbe des norwegischen Königshauses. Das Blau steht für die Fjorde und die klare Luft.

Island
Das Blau steht für das Meer und das Weiß für den Schnee. Das Rot steht für den Anschluß der von norwegischen Wikingern und Iren besiedelten Insel an Dänemark bis 1944 und sollte meiner Meinung nach auch für die Lava der vielen Vulkane auf der Insel stehen, die ja auch als Insel aus Feuer und Eis gilt.

Grönland

Die Farben des zum dänischen Königreich zählenden skandinavischen Außenpostens in Nordamerika erinnern an einen Sonnenuntergang und sollen Ozean, Eisberge und Packeis, Fjorde und Gletscher symbolisieren. Passend ausgerichtet sind sie gleichzeitig auch die dänischen Farben.

Färöer

Die Farben der zu Dänemark zählenden von norwegischen Wikingern besiedelten Inselgruppe im Nordatlantik symbolisieren die Verbundenheit mit Norwegen und sind die Farben der Nationaltracht.

Das Philippuskreuz befindet sich auch auf den meisten Flaggen der einzelnen Bundesstaaten der skandinavischen Länder, der baltischen Länder sowie von Völkern des russischen östlichen Kareliens und der Region um Sankt Petersburg. Es gibt eine Vielzahl an Farbvariationen.

Wepsen

Auf der Flagge der Wepsen, eines finno-ugrischen Volkes, das am Onegasee in Karelien und rund um Sankt Petersburg lebt, steht das Grün für den Wald, das Blau für die Seen und das Gelb für die Felder.

Normandie

Die Sankt-Olavs-Flagge der Unabhängigkeitsbewegung in dem französischen Bundesstaat an der nördlichen Atlantikküste symbolisiert das normannische Erbe. Die Farben stehen für das Königswappen von Richard Löwenherz.

Deutschland

Die Farbenfolge Gold-Rot-Schwarz war auf den Kampfspruch während der `Befreiungskriege´ bezogen: „Aus der Schwärze der Knechtschaft durch blutige Schlachten ans goldene Licht der Freiheit." Gegen die Besatzung deutscher Lande durch napoleonische Truppen formierte sich 1813 das Lützowsche Freikorps. Weil die Teilnehmer, die überwiegend Studenten waren, keine einheitlichen Uniformen hatten, wurden ihre Jacken schwarz eingefärbt und mit roten Aufschlägen und messingfarbenen Knöpfen ausstaffiert. Das Korps wurde fast vollständig aufgerieben. 1815 gründeten Veteranenstudenten die Urburschenschaft, die diese Farben als Nationalflagge propagierte. Es waren auch die Farben des Adler-Banners des Heiligen Römischen Reiches Deutscher Nation, das vom 10. Jahrhundert bis 1806 bestand. 1848 wurde die Schwarz-Rot-Gold-Flagge durch Beschluß der Frankfurter Nationalversammlung zur Kriegs- und Handelsflagge und auch nach der gescheiterten republikanischen Revolution 1848/49 beibehalten. Nach dem Sieg Preußens im Deutschen Krieg 1866 dominierte die schwarz-weiß-rote Flagge des Norddeutschen Bundes und wurde bei der Gründung des Deutschen Reiches 1871 Nationalflagge. Nach dem Ersten Weltkrieg wurde Schwarz-Rot-Gold Nationalflagge der Weimarer Republik und nach der Hakenkreuzflagge während des Dritten Reiches zur Gründung der BRD und der DDR erneut. Es gab Entwürfe nach skandinavischem Muster. 1926 kam der erste Vorschlag (Abb. 3). Die Wirmer-Flagge (Abb. 4) sollte nach Attentat und Machtübernahme der Verschwörer vom 20. Juli 1944 neue Nationalflagge werden. 1948 schlug die CDU diesen Entwurf vor (Abb. 5).

Österreich

Die Farbgebung der Flagge soll sich auf die folgende Legende zurückführen: Nach einer Schlacht bei der Belagerung von Akkon (1189-1191) während des Dritten Kreuzzuges stand Herzog Leopold V. auf einem Leichenfeld von Sarazenen; sein weißes Gewand war rot durchtränkt von Blut. Als sein Knappe ihm den Schwertgurt abnahm, war dies die einzige noch weiße Stelle.

Kanada

Die roten Bereiche links und rechts stehen für den Pazifik und den Atlantik, der weiße Hintergrund für Schnee. Rot steht auch für England und weiß für Frankreich. Das Zuckerahornblatt steht für die Natur und hat anstatt 23 Zacken, wie ein echtes, nur 11. Vor der Festlegung darauf wurden in einem Windkanal auch 13- und 15zackige Varianten der Flagge getestet, um festzustellen, wie sich das Flattern auf die Erscheinung des Blattes auswirkt. Die einander zugewandten Gesichter, die sich in den Umrissen des Blattes erkennen lassen, werden Jack und Jacques genannt. Bis 1965 hatte Kanada eine rote Flagge mit Union Jack und Wappen.

Frankreich

Die Flagge erschien erstmals 1790 in der Revolutionszeit. Blau und rot, als Farben des Pariser Stadtwappens, symbolisieren das Volk. Weiß, als Farbe des Königs, symbolisiert in der Position seine eingeschränkte Macht. Die Farben werden auch auf den Wahlspruch `liberté, egalité, fraternité´ bezogen: blau für Freiheit, weiß für Gleichheit, rot für Brüderlichkeit.

Irland

Nach französischem Vorbild wurde die Flagge erstmals im 19. Jahrhundert von Freiheitskämpfern verwendet. Grün symbolisiert die Insel und die katholische Bevölkerung, orange die protestantische und weiß den Frieden zwischen beiden. Die Harfe ist das Nationalsymbol Irlands. Der Spruch heißt: Irland für immer.

Bhutan

Der Drache steht für den Landesnamen Druk-Gyalkhap – Drachenreich – und den Donner, welcher häufig in der Hochgebirgsregion grollt und seiner Stimme zugeordnet wird. Mit den Juwelen in seinen Krallen symbolisiert er das Universum. Safrangelb steht für die weltliche und geistliche Hoheit des Königs, orangerot für die geistliche Gewalt des Buddhismus.

Tibet

Die beiden mythischen Schneelöwen vor dem verschneiten Berg Kailash, in ihrer Mitte das Juwel des Buddhismus; die roten Strahlen der Sonne stehen für die ursprünglich sechs Volksgruppen, die blauen Strahlen für religiöse und weltliche Herrschaft, die goldene Einfassung für die Blüte der buddhistischen Lehre, die offene Seite für Offenheit zu anderen Glaubensarten. Die Flagge ist in China noch verboten.

Mongolei

Das Sojombo symbolisiert Weisheit, Freiheit, Frieden und Gerechtigkeit. Rot steht für Entwicklung und Wohlstand, blau für den ewigen Himmel.

Leopardierte Löwen und gelöwte Leoparden

Ein bißchen Heraldik

In der Heraldik (Wappenkunde) ähnelt der Leopard (panthera pardus) dem Löwen – meist hat er eine Mähne und besitzt keine Flecken. Grund dafür ist, daß im Mittelalter Mischlinge von Löwemännchen und Pantherweibchen als Leoparden bezeichnet wurden. Die heute Leoparden genannten Großkatzen wurden früher Panther genannt. Als solche werden heute nur schwarze Leoparden und schwarze Jaguare bezeichnet.

Die heraldische Unterscheidung zwischen Löwe und Leopard besteht darin, daß der Löwe steigend geradeaus schaut (aus seiner Position) und der Leopard schreitend seitwärts schaut (also zur betrachtenden Person).

Löwe auf dem Wappenschild von Heinrich II., König von England – gültig: 1154-1189

Leoparden auf dem königlichen Wappenschild von Richard Löwenherz – gültig: 1198-1340

Das aktuelle Wappen Englands

Im allgemeinen Sprachgebrauch werden die drei heraldischen Leoparden als Löwen bezeichnet – Three Lions.

Ein gelöwter Leopard schaut seitwärts wie ein Leopard und steigt wie ein Löwe, während ein leopardierter Löwe geradeaus schaut wie ein Löwe und schreitet wie ein Leopard.

<u>Gelöwter Leopard</u> auf dem Wappenschild der Grafen von Sayn, einem alten Adelsgeschlecht aus dem Westerwald.

<u>Leopardierter Löwe</u> auf dem Wappenschild der Freiherren Schenck zu Schweinsberg, die zum hessischen Uradel zählen.

Eine Ausnahme ist der ruhigstehende Leopard auf dem Wappenschild derer zu Pentz, einem mecklenburgischen Uradelsgeschlecht.

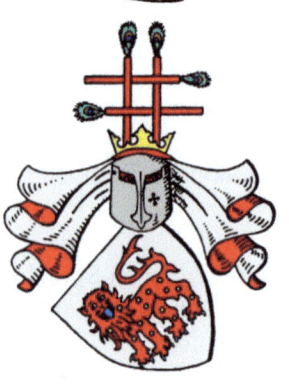

Das Wappen Englands mit Anspruchnahme auf
Frankreich von 1399 bis 1603

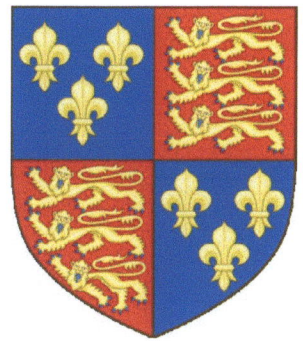

Zu beachten: der untere Leopard

Das aktuelle Wappen des Vereinigten Königreiches

Zu beachten: der untere Leopard

Wappenschild Schottlands ab 1165 und zentra-
les Motiv des aktuellen schottischen Wappens

Teil III

Historie

Amazonen und Adoptivkaiser

Kurioses und Faszinierendes aus der Historie

Hellenen, Römer, Kelten und Germanen haben sich über viele Jahrhunderte durch fruchtbare Kontakte und kriegerische Konflikte mit wechselseitigen Eroberungen und kulturellen Verschmelzungen enorm beeinflußt und die Kultur Europas geprägt.

In diesem Kapitel sind neben krassen Ereignissen und faszinierenden Verhältnissen auch absolute Kuriositäten versammelt.

Der Galliereinfall in Rom

Den ersten Konflikt mit den Kelten hatten die Römer, als eine gallische Streitmacht im Jahr 387 v. Chr. Rom eroberte, das zu jener Zeit noch eine Regionalmacht war.

Zuvor hatte der gallische Volksstamm der Senonen sein Siedlungsgebiet über die Alpen nach Norditalien ausgedehnt. Als sie nach Mittelitalien vorstießen und die Etrusker bedrängten, baten diese die Römer um Hilfe. Eine römische Gesandtschaft von Patriziern sollte für Schlichtung sorgen und suchte die gallischen Anführer auf. Es kam jedoch zum Streit, bei dem einer der Gesandten einen hochrangigen Gallier tötete. Nachdem die Römer zurückgekehrt waren, forderten die Gallier seine Auslieferung, was jedoch verweigert wurde. Darauf zogen die erzürnten Gallier unter Brennos, ihrem Oberhäuptling, gen Rom. Die römische Armee stellte sich ihnen entgegen, unterlag aber. Sie hatte noch nicht die erfolgreiche Taktik und enorme Schlagkraft von später und war noch keine Berufsarmee. Zudem wirkten die gallischen Krieger auf die Römer furchterregend, was sie durch ihre weit hochragenden drachenköpfigen Kriegshörner, mit denen sie markerschütternde Töne ausstießen, noch verstärkten. Der Rest der römischen Armee und die Bevölkerung zogen sich in die Festung auf dem Kapitol zurück und konnten nicht verhindern, daß die Gallier die Stadt plünderten und brandschatzten. Während der sieben Monate andauernden Belagerung des Kapitols brachen unter den Galliern Krankheiten aus, wahrscheinlich wegen der für sie ungewohnten Sommerhitze. In den folgenden Verhandlungen erklärten sie sich gegen die Zahlung eines Lösegeldes von 1000 Pfund Gold bereit abzuziehen. Als die Römer sich bei den Galliern nach dem Abwiegen über deren schwerere Gewichte beklagten, warf Brennos sein Schwert in die Waagschale, welches dann auch noch aufgewogen werden mußte, und sagte dazu: „Vae victis!" – „Wehe den Besiegten!"

Für die Römer blieben die Ereignisse dieser Zeit für Jahrhunderte ein kollektives Trauma. So entstand der Drang, den Militärapparat zu perfektionieren, die Barbarenvölker zu unterwerfen und das Reich auszudehnen.

Der Zug der Kimbern und Teutonen

In Jütland, im heutigen Dänemark, lebten die germanischen Volksstämme der Kimbern und Teutonen. Wegen klimatischer Veränderungen, die Mißernten zur Folge hatten, zogen sie im späten 2. Jahrhundert v. Chr. mit einem Teil der Ambronen, ihren südlichen Nachbarn, gen Süden. Es war eine Völkerwanderung, bei der sich die kompletten Familien mit Sack und Pack auf die Reise begaben. In Germanien konnten sie sich nirgends sonst ansiedeln, weil überall andere Stämme wohnten. So zogen sie weiter und gelangten in römisches Provinzgebiet. Zum römischen Herrschaftsbereich zählten damals schon das südliche Germanien, Helvetien (die heutige Schweiz) und der Rand Galliens.

Die Germanen waren noch friedlich und verhandelten mit einer römischen Gesandtschaft über eine mögliche Ansiedelung, wobei die Römer Wohlwollen vortäuschten, während sie von Unbehagen ergriffen waren. Ihre Geschichtsschreiber berichten über hochgewachsene Wilde von wüstem blonden Haar- und Bartwuchs mit durchdringenden Blicken, die raubtierähnliche Laute ausstießen. In den Provinzen lebten schon genug Barbaren; nicht noch mehr davon, mochten die Römer gedacht haben, und eine heimlich angerückte Legion überfiel die Germanen. Nun wurden sie wütend und rieben die Legion auf. Als sie daraufhin weiter durch Helvetien zogen, trafen sie auf ebenso wilde Kelten, die ihnen in Erscheinungsbild, Tracht und Gepflogenheiten sehr ähnlich waren. Die helvetischen Stämme der Tiguriner (Herren), Tougener (Axtleute) und Toutonen (bei diesen liegt möglicherweise eine namentliche Verwechslung der Geschichtsschreiber mit dem germanischen Stamm der Teutonen vor) waren bei den Römern genauso unbeliebt, wurden aber geduldet. Als nun die Germanen auf die Kelten trafen, wäre es vorstellbar gewesen, daß es heftig kracht. Aber offenbar verstanden sie sich auf anhieb und zogen dann gemeinsam plündernd durch die Provinzen bis nach Gallien. Unterwegs besiegten sie weitere Legionen. Zwischendurch zogen die Stämme getrennt weiter und vereinten sich später wieder. Es kam auch vor, daß ein Germanenstamm von dem ansässigen keltischen Stamm der Belger, der mächtig genug war, in seinem Gebiet keine Plünderungen zuzulassen, in die Flucht geschlagen wurde.

Inzwischen waren mehrere Legionen in Marsch gesetzt, um diesem Treiben, das von 113 bis 101 andauerte, ein Ende zu setzen. Die wilden Stämme derweil schätzten die riskante Lage, in die sie sich gebracht hatten, nicht richtig ein und trennten sich. Die Ambronen machten sich zum Teil auf den Heimweg nach Norden, während andere von ihnen mit den Teutonen weiter durch die gallische Provinz zogen und 102 von den Römern besiegt wurden. Die Kimbern zogen nach Norditalien und wollten sich in der Poebene ansiedeln, wurden jedoch 101 von den Römern besiegt. Die Tiguriner, die mit den Kimbern über die Alpen gezogen waren und am Brennerpaß abwarteten, kehrten mit ihrer Beute nach Helvetien zurück, wie zuvor die Tougener.

Cäsar zufolge lebten Kimbern und Teutonen im Stamm der Aduatuker fort, den Nachfahren einer 6000zähligen Schutztruppe, die während der Züge im Hinterland zurückblieb, um die Habseligkeiten der Stämme zu bewachen.

Im Latein wurde `Furor Teutonica´ – `Teutonische Raserei´ zur festen Redewendung. Aus dem Namen Teutonen entwickelte sich sprachlich Teutsche und daraus Deutsche.

Keltensturm über Hellas

Im Jahr 279 v. Chr. fiel ein Verband von keltischen Stämmen in Griechenland ein. Darunter waren der gallische Stamm der Senonen, der rund 100 Jahre zuvor Rom erobert hatte, helvetische Stämme wie die Tiguriner, die gegen Ende des zweiten Jahrhunderts v. Chr. gemeinsam mit germanischen Stämmen die römische Provinz drangsalierten, und die Volker, ein weiterer keltischer Volksstamm, der ursprünglich im Südosten Galliens beheimatet war und sich auch im Herkynischen Wald (antiker Name für ein Waldgebiet, das sich vom Schwarzwald bis in die Karpaten erstreckte) angesiedelt hatte. Dieser keltische Stammesverband verheerte den Norden Griechenlands. Nachdem sie eine Stadt in Aitolien geplündert und zerstört hatten, zogen die Senonen unter der Führung von Brennos (entweder eine Namensgleichheit mit dem Eroberer Roms oder dies war ein gallischer Adelstitel oder der Titel des Heerführers) in Richtung Delphi, der berühmten Orakelstätte. Doch bevor sie es erreicht hätten, wurden sie in der Nähe von einem aitolischen und phokischen Heeresverband besiegt und vertrieben. Die keltischen Stämme zogen daraufhin durch Thrakien, das an den Nordosten Griechenlands angrenzte und bis zum Bosporus reichte.

Bevor es mit ihnen weitergeht, sollen die sehr komplexen politischen Machtverhältnisse jener Zeit kurz geschildert und die hellenistische Welt vorgestellt werden.

Seleukos I.	**Antiochos III.**	**Ptolemaios I.**	**Kleopatra VII.**
Gründer des Seleukidenreiches	Berühmter König der Seleukiden	Gründer des Ptolemäerreiches	Letzte Königin des Ptolemäerreiches

Die Reiche der Diadochen und Epigonen

Alexander der Große hatte die hellenische/makedonische Kultur mit seinen Eroberungszügen bis nach Nordindien ausgedehnt. (Anmerkung: Es wird zwar historisch zwischen Griechenland und Makedonien unterschieden, aber es war die gleiche Kultur, vergleichbar mit dem Verhältnis Deutschlands zu Österreich.) Nach seinem frühen Tod 323 v. Chr. teilten seine Feldherren die eroberten Gebiete unter sich auf und erhoben sich zu Königen. Sie werden als Diadochen (Nachfolger) und ab der 2. Generation als Epigonen (Nachkommen) bezeichnet und führten mehrere Kriege gegeneinander, in denen die Bündnisse wechselten und sich die Machtbereiche teilweise verschoben. Etabliert hatten sich die von Ptolemaios I., Seleukos I. und Antigonos I. begründeten Dynastien. Die Antigoniden herrschten von 294 bis 168 in Makedonien und zeitweise über weite Teile Griechenlands und Thrakiens. (Anmerkung: Die Thraker galten als Protogriechen, also Vorgänger der Hellenen, die Elemente der thrakischen Kultur und Religion übernommen hatten, obgleich sie bei den Griechen nicht den besten Ruf genossen. Die thrakischen Stämme galten als rauh und versoffen; so gab es damals den Ausspruch für Zecherei: `Saufen wie die Thraker´.) Die Ptolemäer herrschten von 323 bis 31 in Ägypten und zeitweise in Syrien und an der Küste Kleinasiens. Der Machtbereich der Seleukiden erstreckte sich in seiner größten Ausdehnung von Kleinasien bis nach Nordindien, reduzierte sich aber durch die Abspaltung der Statthalter in Baktrien und Nordindien, die ihre eigenen Königreiche gründeten, und Aufstände von Völkern im Mittleren Osten. Die Seleukiden herrschten von 320 bis 63.

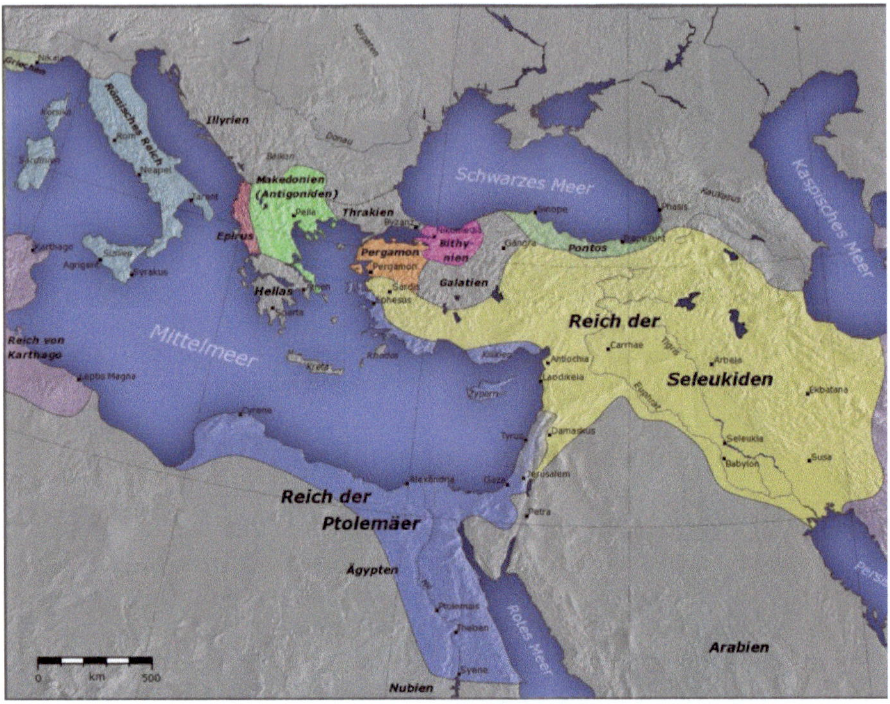

Die Staatenwelt um 200 v. Chr.

Der östliche Teil der Karte

Zu beachten ist, daß viele der Gebiete, zum Beispiel Ägypten, nicht erobert, sondern von der persischen Fremdherrschaft befreit wurden, was den unterdrückten Völkern genehm war.

Die Zeit dieser drei Großmächte war kulturell sehr bedeutsam. Kunst, Naturwissenschaften und Philosophie erlebten eine Blütezeit. Ptolemaios I. ließ den ersten Leuchtturm – den Pharos, eines der sieben Weltwunder der Antike – bauen. Das Museion, eine bedeutende Universität, und die berühmte Bibliothek machten Alexandria zum Zentrum des hellenistischen Bildungswesens. Herausragend war die astronomische Forschung von Aristarchos, der das heliozentrische Weltbild begründete und die Eigendrehung der Erde erkannte sowie von Eratosthenes, der den Erdumfang ziemlich genau berechnete. Ptolemaios II. ließ Flora und Fauna im Inneren Afrikas erforschen. Die Könige suchten an ihren Höfen die Gesellschaft von Philosophen. Antigonos II. war sogar bestrebt, die stoische Philosophie im Staatsleben zu verwirklichen. Er bezeichnete das Königtum als ehrenvolle Knechtschaft, also den König als Diener des Staates. Er empfing auch buddhistische Gesandte des indischen Königs Ashoka.

In den Großreichen garantierte eine detaillierte Planwirtschaft den Wohlstand. Auch das Bankenwesen und der Handel waren staatlich organisiert. Das ptolemäische Ägypten war die Kornkammer der hellenistischen Welt, im seleukidischen Babylonien wurde der Weinbau eingeführt. An diesem Reichtum hatten auch die Stadtstaaten im griechischen Mutterland Anteil, die von den Diadochen und Epigonen finanziell großzügig unterstützt wurden, jedoch gegen die Einschränkung ihrer eigenen außenpolitischen Entscheidungsfreiheit.

In den orientalischen Reichsgebieten gab es Zweiklassengesellschaften. Griechen und Makedonen stellten die Eliten, auch wenn sie nur wenige Prozent der Gesamtbevölkerung darstellten. Eine Hellenisierung der orientalischen Bevölkerungen geschah dafür zurückhaltend. Die Einheimischen durften an ihren Gebräuchen und Religionen festhalten. Im ptolemäischen Ägypten war es sogar umgekehrt, indem sich die Griechen und Makedonen teilweise selbst ägyptisierten und zum Beispiel ihren Kleidungsstil änderten. Im ptolemäischen Königshaus regierten meist die Männer mit ihren Frauen gemeinsam. Nicht selten war dabei die Geschwisterehe, die anfangs noch als skandalös galt, jedoch für Griechen und Makedonen durch die Vorbilder in ihrer Götterwelt legitim war.

Trotz der kulturellen und wirtschaftlichen Vorzüge dieser Epoche fanden fast ständig militärische Konflikte statt. Die Epigonenreiche wollten ihre Einflußgebiete ausdehnen. Besonders die Seleukiden zwangen noch unabhängige orientalische Kleinstaaten und Städte militärisch zur Unterwerfung. Dieses schroffe Vorgehen lag auch darin begründet, daß jene Völker frühere Vasallen des Persischen Weltreichs waren, das bis zu seiner Unterwerfung jahrhundertelang eine permanente Bedrohung für Griechenland und Makedonien war. Mit den unabhängigen hellenischen Kolonial-Stadtstaaten im vorderen Asien gingen die Seleukiden respektvoll um und drängten sie nur diplomatisch zum Beitritt ins Reich.

Die Epigonenreiche konkurrierten miteinander um die Vorherrschaft und führten meistens Krieg gegeneinander oder bekämpften Aufstände unterworfener Völker. Hinzu kamen neue Machtblöcke, wie das Partherreich in der Nachfolge von Persien und das mächtiger werdende Rom.

Zurück zu den Kelten.

Die Galater –
Keltische `Gäste´ in Anatolien

Ein Teil des keltischen Stammesverbandes eroberte ein Gebiet in Thrakien und gründete dort das kleine Königreich Tylis mit befestigter Stadt und erpreßte von den umliegenden thrakischen Stämmen, die der Kelten nicht Herr wurden, weil sie selbst miteinander in Fehde lagen, Tribut. Auch Byzanz wurde von den Kelten tributzahlungspflichtig gemacht. Um das Geld aufzutreiben, erhoben die Byzantiner eine Durchfahrtszollpflicht für Schiffe, die den Bosporus durchfahren wollten. Damit waren die hellenischen Stadtstaaten nicht einverstanden, und Korinth erklärte Byzanz den Krieg. Daraufhin ereignete sich Bemerkenswertes. Die Kelten, die ja eigentlich daran schuld waren, griffen diplomatisch ein und schlichteten den Streit.

Bald jedoch verbündeten sich die thrakischen Stämme, vertrieben die Kelten und zerstörten deren Stadt.

Die Volker dagegen, die ab dieser Zeit historisch Galater genannt werden, waren schon vorher in Makedonien von Antigonos II. besiegt worden. Er nahm sie als Söldner in seine Dienste auf oder schickte sie zu seinem Verbündeten Nikomedes I. nach Bithynien, einer thrakischen Kolonie an der Nordwestküste Anatoliens (altgrch. Name ganz Kleinasiens). Nachdem sie für diesen einen Bruderkrieg mit der Nachbarkolonie Phrygien gewonnen hatten, entließ er sie aus seinen Diensten. Daraufhin zogen sie plündernd durch die umliegenden Länder.

Die Galater setzten sich aus drei Stämmen zusammen: den Tektosagen, den Tolistobogiern und den Trokmern. Jeder davon unterteilte sich nochmals in vier Gruppen.

Der Seleukidenkönig Antiochos I. besiegte die zahlenmäßig überlegenen Galater mit Hilfe von Kriegselefanten und teilte ihnen feste Wohnsitze zu. Dieses Gebiet in Phrygien (Midas-Legende) mit den alten Städten Gordion (Knoten-Mythos) und Pessina, Ankyra und Tavium hieß ab dann Galatien. Damit sie dort blieben und Ruhe hielten, führte er eine Keltensteuer ein, die den Galatern ausbezahlt wurde. Doch Attalos I. von Pergamon, einem unabhängigen griechischen Königreich in Anatolien, weigerte sich und schaffte es, die Galater militärisch dazu zu zwingen, nicht mehr in sein Reich einzufallen.

Die Galater behielten ihre keltischen Gebräuche bei, zum Beispiel Eichenhaine als Versammlungsorte, und übernahmen einiges von der griechischen Kultur, wie sprachliche Elemente und Kleidungsstil. Auch übernahmen sie griechische Gottheiten in ihren Glauben; besonders verehrten sie Artemis, die Göttin der Jagd. Wenn sie nicht gerade ihr Land anbauten, nahmen sie als Söldner an den Kriegen teil.

Nun hat das Römische Reich seinen Auftritt.

Das Römische Reich und die Hellenistische Welt

Während der Kriege zwischen Antigoniden, Ptolemäern und Seleukiden versuchte Rom seinen Machtbereich in den Raum der Magna Graecia – die griechischen Kolonien in Süditalien und Sizilien – auszudehnen. Pyrrhos I. (altgrch.: Feuerkopf, rothaarig) von Epirus, einem Königreich im Nordwesten Griechenlands, der auch in die Diadochenkonflikte verwikkelt war, setzte 280 v. Chr. mit einer griechisch-makedonischen Föderationsarmee – die anderen Diadochen hatten den Krieg untereinander beendet und unterstützten ihn – nach Italien über und besiegte die römischen Truppen zweimal. Die zweite Schlacht war jedoch so verlustreich, daß Pyrrhos laut Plutarch sagte: „Sind wir noch einmal siegreich gegen die Römer, sind wir verloren." So entstand die Metapher vom Pyrrhussieg.

Nachdem Rom erneut Friedensverhandlungen abgelehnt und sich mit Karthago verbündet hatte, das nun die griechische Kolonie auf Sizilien bedrohte, hatte Pyrrhos einen Gegner mehr. Er setzte mit seiner Armee nach Sizilien über und fügte den Karthagern eine schwere Niederlage zu. Inzwischen hatten die Römer die griechischen Städte in Süditalien besetzt, bis auf Tarent. Pyrrhos setzte wieder nach Italien über und unterlag den Römern erstmals. Die hellenistischen Herrscher unterstützten den Feldzug nicht weiter und suchten nach einem friedlichen Ausgleich mit Rom. Pyrrhos beendete den Feldzug und kehrte zurück nach Griechenland. Die römische Geschichtsschreibung ehrte Pyrrhos, der ein Verwandter Alexander des Großen war, in hohem Maße. Auch Hannibal soll ihn als fähigsten Feldherrn aller Zeiten bezeichnet haben.

Indes setzten sich die Konflikte in Griechenland und Makedonien sowie zwischen den Diadochenreichen fort. Die Antigoniden errangen die Hegemonie Makedoniens über weite Teile Griechenlands. Der Aitolische Bund ersuchte Rom um Hilfe, die Unabhängigkeit wiederzuerlangen. (Anmerkung: Viele griechische Stadtstaaten waren damals in Städtebünden organisiert, wie dem Aitolischen Bund und dem Achaiischen Bund.)

Rom, inzwischen eine Großmacht, war den griechischen Staaten und Makedonien verbunden und wohlgesonnen, hatte es ja, ursprünglich selbst der Sage nach von Nachfahren der Trojaner gegründet, die gleiche Kultur. (Das damalige Verhältnis zwischen Rom und Griechenland ist vergleichbar mit dem Verhältnis zwischen den USA und Westeuropa.) Rom wurde zur Protektoratsmacht und intervenierte im griechischen Interesse.

Philipp V. von Makedonien hatte indes ein Bündnis mit Hannibal geschlossen, um die Ausdehnung des römischen Machtbereichs im makedonisch beanspruchten Illyrien, nordwestlich von Griechenland, zu beenden. Das aber mißfiel Rom, das zu der Zeit mit Karthago im Krieg um die Vorherrschaft im Mittelmeerraum stand. So kam es neben den Punischen Kriegen auch zu Kriegen gegen Makedonien und dessen Verbündete, die Bastarnen, ein benachbarter Germanenstamm. Makedonien verlor die Kriege und wurde 168 zur römischen Provinz.

Auch die Seleukiden gerieten mit dem Römischen Reich in Konflikt wegen konkurrierender Gebietsansprüche. Nachdem sie noch im Bündnis mit den Antigoniden die ptolemäischen Gebiete in Syrien und an der Küste Kleinasiens erobert hatten, erhoben sie Anspruch auf Thrakien, das von Rom ebenfalls beansprucht wurde. Es folgten ergebnislose Verhandlungen. Hinzu kam, daß der Aitolische Städtebund mißgestimmt auf Rom war, das zwar nach der erfolgreichen Intervention gegen Makedonien die Freiheit aller Griechen verkündet hatte, aber dem Aitolischen Bund dessen Meinung nach nicht genügend neue Gebiete zusprach, obwohl er Rom militärisch gegen Makedonien unterstützt hatte, als Rom zeitgleich gegen Karthago kämpfte. Als der Aitolische Bund daraufhin ein Bündnis mit den Seleukiden schloß und diese nach Griechenland einlud, kam es zum Krieg mit Rom. Auf seleukidischer Seite kämpften auch die Galater und sogar Hannibal, der nach dem Zweiten Punischen Krieg vor römischer Fahndung geflohen war und nun Admiral in der seleukidischen Flotte war. Rom gewann jedoch auch diesen Krieg und verpflichtete den Aitolischen Bund zu hohen Zahlungen bei gleichzeitiger außenpolitischer Entmachtung. Die Seleukiden mußten ihre Gebiete in Thrakien und Kleinasien, außer Kilikien, an Roms Alliierte Pergamon und Rhodos abtreten und hohe Tributzahlungen an Rom entrichten. Das Seleukidenreich war zwar noch eine Großmacht, doch im Osten spalteten sich mehrere Provinzen ab. Auch durch Feldzüge gelang es nur vorübergehend, einzelne Provinzen ins Reich zurückzuzwingen.

Den Dauerkrieg mit dem Ptolemäerreich konnten die Seleukiden zwar gewinnen, als sie aber Ägypten besetzten, mischte sich Rom ein und zwang sie unter Kriegsandrohung dazu, ihre Streitkräfte zurückzuziehen. Um die weiterhin anfallenden Tributzahlungen an Rom zu entrichten, plünderten die Seleukiden den Tempel in Jerusalem, wodurch es zum Makkabäer-Aufstand kam und so auch die seleukidische Provinz Israel ins Wanken geriet. Im Osten überrannten die Parther die seleukidischen Provinzen und Vasallenkönigtümer bis nach Babylonien. Den Seleukiden gelang zwar noch die Rückeroberung, aber bald war ihr Machtbereich nur noch auf Syrien beschränkt, in Abhängigkeit von Rom und dem Ptolemäerreich. Grund für den Niedergang waren auch zunehmende dynastische Konflikte mit Intrigen am Hofe um die Thronfolge. Als aber die Armenier das schwächelnde seleukidische Syrien besetzten, griff Rom helfend ein und schlug das armenische Heer. Rom sicherte nun die seleukidische Herrschaft. Als bald darauf jedoch wieder dynastische Querelen anfingen, beendete Rom 63 v. Chr. die instabile seleukidische Herrschaft in Syrien und machte es zur eigenen Provinz.

Das Ptolemäerreich, das auch in dynastische Querelen verwickelt war, behielt noch für eine Weile seine Eigenständigkeit, bis es nach dem Tod der letzten ptolemäischen Königin Kleopatra VII. 30 v. Chr. zum römischen Protektorat und kurze Zeit später zur römischen Provinz wurde.

Die Galater waren nach dem Machtwechsel in Kleinasien in römische Dienste getreten.

Die `Lömel´ in China

In Liqian, einem Dorf am Rande der Wüste Gobi im Norden Chinas, das seit der Antike besteht, werden seit damals immer wieder Kinder mit blauen Augen, blonden oder roten Haaren und heller Haut geboren.

Ihre Vorfahren waren römische Soldaten (wahrscheinlich von einer zum Teil aus Galatern aufgestellten Legion), die nach einer verlorenen Schlacht gegen die Parther in Mesopotamien 53 v. Chr. in Gefangenschaft gerieten, dem römischen Historiker Plinius dem Älteren nach zum Wachtdienst an deren östlichen Grenze verpflichtet wurden, von dort flohen und sich einem Hunnenheer anschlossen, das 36 v. Chr. von einem chinesischen Heer besiegt wurde und sie von diesem gefangen genommen wurden – 145 an der Zahl. Sie wurden daraufhin in dem Dorf Liqian angesiedelt.

Diese These des bekannten amerikanischen Sinologen Prof. Homer H. Dubs erfuhr in den 1950er Jahren große Aufmerksamkeit in der Fachwelt. Inspiriert davon suchte der Australier David Harris 1989 das geheimnisvolle Dorf. Nachdem er es gefunden hatte, berichtete die französische Presse darüber, und 1990 erfuhr die Dorfbevölkerung Liqians von einer Gruppe angereister Italiener, daß sie Nachfahren römischer Legionäre sind. Harris´ Buch `Black Horse Odyssey – Search for the Lost City of Rome in China´ wurde in China ein Bestseller.

In heutiger Zeit wird dieses historische Erbe in der Region durch eine buddhistische Investorengruppe und die Stadtverwaltung aufwendig vermarktet, um den Tourismus zu fördern, mit einer römischen Truppe, die Kampfübungen vorführt, römischen Monumentalnachbauten und Hotels neben dem Dorf sowie Geschichtsunterricht mit römischem Schwerpunkt an der nahegelegenen Universität.

Skurril ist, daß dort ein bekannter Professor lehrt, daß Julius Cäsar gar nicht ermordet wurde, sondern ein Doppelgänger, und er selbst Rom verließ, nach China reiste und in Liqian lebte, wo er als Buddhist in hohem Alter friedlich entschlief. Der Professor habe das von einer als Medium wirkenden Frau erfahren, die er in seine Forschung miteinbezieht.

Im Jahr 102 n. Chr., zur Zeit Kaiser Trajans, erkundeten die Römer China offiziell und errichteten Handelsposten.

Buddha und Herakles –
Hellenistisch-buddhistische Einflußnahmen

Ein griechisch/makedonisches Königreich in Nordindien bestand ab der Eroberung durch Alexander den Großen mit Unterbrechung bis zur Zeit um Christi Geburt. Damals standen Hellenismus und Buddhismus in Kontakt.

Ashoka, Kaiser des Maurya-Reiches im 3. Jahrhundert v. Chr., hatte seine Herrschaft über den größten Teil Indiens ausgedehnt. Nach der Eroberung der Hauptstadt der letzten noch unabhängigen Regionalmacht war er so deprimiert, als er des Leides der dortigen Bevölkerung gewahr wurde, das er angerichtet hatte, daß er sich dem Buddhismus zuwandte. Er verbreitete die noch junge Religion im Reich, beendete seine Eroberungspolitik und richtete den ersten bekannten Wohlfahrtsstaat in der Geschichte ein. Er schaffte die Korruption ab, verteilte das Land gerecht, verbot Tieropfer, propagierte die vegetarische Ernährung und ließ Schulen und Krankenhäuser – auch Tierkliniken – bauen. Im gesamten Reich ließ er Säulen errichten, auf denen seine Edikte mit moralischen Botschaften eingemeißelt waren. Zu seinen griechischen Nachbarn pflegte er freundschaftliche Beziehungen und sandte buddhistische Gelehrte mit griechischen Übersetzungen der buddhistischen Lehre nach Griechenland, Makedonien und in die Epigonenreiche.

Im 2. Jahrhundert v. Chr. herrschte Menandros I. (auch Milinda, Menander) über das griechisch/makedonische Königreich im Nordwesten Indiens. Die buddhistische Überlieferung einer Reihe von philosophischen Gesprächen zwischen ihm und dem buddhistischen Mönch Nagasena trägt den Titel `Die Fragen des Milinda´ (auch `Fragen des Königs Menandros´) und ist ein Klassiker der Weltliteratur.

Buddhistische Kunstwerke, vor allem Statuen und Reliefs aus Gandhara (im heutigen Grenzgebiet zwischen Afghanistan und Pakistan), sind hellenistisch geprägt.

Buddha, ca. 1.-2. Jh., Gandhara,   Buddha und Vajrapani, 2. Jh.,
Museum Guimet, Paris   Gandhara, Britisches Museum

Siddhartha Gautama – Buddha – ist mit einem dem Apollon ähnlichen Gesichtsausdruck, teils mediterran gelocktem Haar und in griechischem Gewand dargestellt. Der ihm zur Seite stehende Gott Vajrapani ist als Buddhas Leibwächter dem Herakles nachempfunden.

Die kunstvolle Symbiose zweier der hochentwickeltsten Kultur- und Geistesrichtungen ist ein ganz besonderes historisches Vermächtnis.

Anmerkung
Aktuell kam es in einem Isis-Tempel der ptolemäischen Hafenstadt Berenike in Ägypten bei einem US/polnischen Forschungsprojekt in der dortigen Ausgrabungsstätte zu einem ganz besonderen Fund – eine Buddha-Statuette, die erste, die bisher westlich von Afghanistan gefunden wurde und deren Alter auf die hellenistische oder römische Epoche geschätzt wird.

Die Kalasha –
Alexanders Nachfahren im Hindukusch

Die Kalasha, eine Volksgruppe heutiger Zeit in den Hochtälern des Hindukusch, sind der Legende nach Nachfahren der Griechen und Makedonen, die in der Folge der Eroberungszüge Alexanders des Großen hier lebten.

Ihre Region ist seit Anfang des 18. Jahrhunderts Teil von Chitral, einem früheren Fürstentum in Nordindien, das sich 1947 Pakistan anschloß und seit 1969 gleichnamiger Distrikt davon ist. Durch ihr gutes Verhältnis zu den Khowar, dem Volk des Fürstenhauses, waren die Kalasha in der Vergangenheit geschützt vor der Zwangsislamisierung durch die Mohammedaner, die im benachbarten Afghanistan kleinere Völker traf.

Rund 3000 Kalasha haben sich auch in heutiger Zeit der Islamisierung entzogen und hängen weiterhin einer harmonischen Naturreligion an.

Ihre Heimat ist eine malerische Hochgebirgslandschaft mit wilden Flüssen und fruchtbaren Tälern, umgeben von Eichenwäldern an den Berghängen. Das Klima ist mild. Die Kalasha leben von der Landwirtschaft. Mühlen werden vom Wasser der Flüsse angetrieben. Sie bauen Weizen und Mais an, auch Äpfel und Walnüsse zählen zu ihrer Nahrung sowie Trauben, aus denen sie Wein herstellen.

Bei den Kalasha sind Frauen und Männer gleichberechtigt, pflegen offenen Umgang miteinander. Ihr Glaube ist polytheistisch. Die Kalasha glauben an eine höchste Schöpfungsgottheit, Naturgottheiten, Gottheiten einzelner Lebensbereiche wie Fruchtbarkeitsgötter und Hirtengötter, Halbgötter, Geister und Dämonen. Besonders zur Natur haben die Kalasha einen spirituellen Bezug im alltäglichen Leben. Die spirituelle Reinigung ist ihnen wichtig, zu der Initiationsfeiern stattfinden. So begehen sie die Wintersonnenwende mit einem Reinigungsfest samt Feuerritual. Auch die Ahnenverehrung ist von besonderer Bedeutung mit riesigen Ahnenfiguren.

Eine Besonderheit in ganz Asien ist ihr sehr europäisches mediterran bis nordisches Aussehen. So sind von vielen Kalasha Augenfarbe, Haarfarbe und Hautfarbe hell. Manche haben blaue Augen und blonde Haare. Genetische Untersuchungen haben einen griechischen Anteil von 20-40 % ergeben. Das ist ein hoher Wert dafür, daß sich ihre griechisch/makedonischen Vorfahren vor über 2300 Jahren zur Zeit Alexanders in der Region angesiedelt hatten.

Hoffentlich können die Kalasha ihre Freiheit in ihrer idyllischen kleinen Heimat auch weiterhin bewahren.

Das Tal Biriu (Birir)

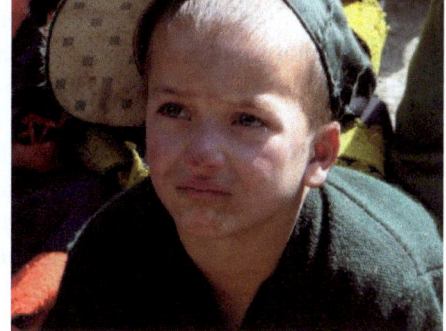
Traditionelles Haus

Kalasha-Mädchen

Kalasha-Junge

Die Amazonen –
Von Troja über Sauromatien in die Mongolei

Das Volk der Amazonen ist Mythos und historische Wahrheit zugleich. Dem Mythos zufolge kämpften die Amazonen im Trojanischen Krieg gegen die Griechen und töteten ihre Gegner zuhauf. Penthesilea, die Amazonenkönigin, schien unbesiegbar. Nur Achilles konnte sie im Zweikampf besiegen. Während sie starb, verliebte er sich in sie. Fortan wurden die Amazonen für ihre Schönheit und Kampftüchtigkeit von den Griechen verehrt. Viele erhaltene griechische Vasen ab Mitte des 1. Jahrtausends v. Chr. zeigen Motive mit den kämpfenden Frauen.

Dem griechischen Geschichtsschreiber Herodot nach sind die Amazonen weitergezogen, über das Schwarze Meer nach Skythien (in der südrussischen Steppe) gelangt und haben sich dort schöne Jünglinge genommen und das Nomadenvolk der Sauromaten gegründet.

Die griechischen Vorposten am Schwarzen Meer wurden damals häufig von berittenen nomadischen Kriegerinnen und Kriegern angegriffen. Unter diesem Einfluß änderten sich die Motive auf den Vasen. Waren die Amazonen anfangs noch als Helleninnen mit den üblichen Hoplitenrüstungen dargestellt, zeigten sie die Bilder ab der Zeit etwa 400 v. Chr. in nomadischer Tracht mit spitz zulaufenden perlenverzierten Hüten, Pantherfellen oder bunt gemusterten Kleidern und schmalen Reitstiefeln.

Bei archäologischen Ausgrabungen in der südrussischen Steppe zwischen Wolga und Ural wurden in 2500 Jahre alten Kurganen (Grabhügeln) Skelette von Frauen gefunden, deren Laboruntersuchungen typische Knochenmerkmale lebenslangen Waffengebrauchs und Reitens nachgewiesen haben. Auch Kleidungsstücke, Schmuck und Waffen wurden gefunden. Sämtliche Fundstücke sind identisch mit den Vasenbildern der zweiten Art. Ihre bevorzugten Waffen waren Pfeil und Bogen, Speer, Dolchschwert und Axt. Mit einem neuartigen Laborverfahren, bei dem die Erbinformationen aus den Knochen isoliert werden, wurde die DNA der Frauenskelette an der Universität Mainz analysiert. Zudem wurde im BKA Wiesbaden mit diesen Daten das Gesicht einer Amazone rekonstruiert und als eindeutig europäisch bestimmt.

Die Archäologin Jeannine Davis-Kimball folgte der Spur der Amazonen weiter ostwärts. In der Stadt Ulgii, in der westlichen Mongolei, im Grenzgebiet zu China, Rußland und Kasachstan, traf sie auf eine Gruppe schöner und starker Frauen unterschiedlichen Alters, die traditionell mit Pfeil und Bogen schießen. Im dortigen Museum werden Hüte, Kleider und Stiefel aufbewahrt, die von heutigen Nomaden dort abgegeben wurden und identisch sind mit den Ausgrabungsfunden in Südrußland und den Vasenbildern. Ihre Reise führte die Forscherin weiter in die Berge und in die Steppe. Den Weg säumten an manchen Stellen Kurgane, und zwar aus heutiger Zeit, wie sie dort für Bestattungen angelegt werden.

Weit abgelegen in der mongolischen Steppe erlebte sie 2004 den Höhepunkt ihrer bisherigen Forschungsarbeit, als sie auf ein kleines kasachisches Nomadenvolk in dessen Jurtendorf traf, dessen Frauen die Tracht der Amazonen tragen. Von ihnen erfuhr sie, daß es von Zeit zu Zeit vorkommt, daß ein Kind geboren wird, das sich von den anderen abhebt. So lernte sie die damals neunjährige Meiramgul kennen. Sie ist von seltener Anmut, ihre mandelförmigen Augen sind haselnußfarben, anstatt schwarz wie bei den Menschen dort üblich, ihre Haare sind blond und ihre Gesichtszüge von leicht europidem Einfluß. Sie reitet, als wäre sie auf dem Pferd geboren. Die Forscherin nahm eine Speichelprobe des Mädchens und schickte sie zur Analyse ans Institut für Anthropologie Mainz. Das Ergebnis ist eine wissenschaftliche Sensation. Ihre DNA weist eine extrem seltene Erbinformation auf, die bisher weltweit nur viermal gefunden wurde. Ihre Gene sind identisch mit denen der antiken Amazonen.

Und so reitet der Mythos weiter durch die Zeit.

Meiramgul

77

Karthager und Kelt-Iberer in Südamerika

Der Kulturwissenschaftler Professor Hans Giffhorn hat eine besondere These aufgestellt. Karthager und mit ihnen verbündete iberische Kelten sind 146 v. Chr. nach dem verlorenen Dritten Punischen Krieg gegen Rom mit einer kleinen Flotte über den Atlantik geflüchtet, um dem Schicksal von Tod oder Versklavung, das hunderttausende aus ihren Völkern traf, zu entgehen. In Südamerika angekommen, haben sie den Amazonas durchschifft und sich in den Anden angesiedelt.

Das von Phöniziern gegründete Karthago war bis zu seinem Niedergang eine Großmacht mit gigantischer Kriegsflotte und die bedeutendste Handelsmacht im westlichen Mittelmeerraum mit Verbindungen bis nach Britannien und Äquatorial-Afrika. Sie verfügten über hohe nautische Kenntnisse und Fähigkeiten. Deshalb war ihnen die Überquerung des Atlantiks leicht möglich. Wahrscheinlich wählten sie die Seeroute knapp nördlich des Äquators, auf der Wind- und Wasserströmungen von Afrika südwestlich nach Südamerika führen; es ist die kürzeste Entfernung zwischen beiden Kontinenten. Auch wenn die Karthager und die iberischen Kelten nichts von dem Kontinent auf der anderen Seite wußten, war es für sie die sicherste und schnellste Möglichkeit, aus dem Einflußbereich Roms zu entkommen. (Anmerkung: Sie hätten sich zwar auch auf den Britischen Inseln ansiedeln können, was ihnen von den Kelten dort durch ihre Beziehungen zu ihnen vielleicht erlaubt worden wäre, oder sie hätten ein neues Reich im Süden Afrikas gründen können, nur war damals zu erwarten, daß Rom irgendwann auch diese Teile der Welt beherrschen würde. Der Zufluchtsort sollte also so weit weg wie möglich sein. Und so fuhren sie über den Ozean ins Unbekannte.)

Karthager und Kelt-Iberer gelangten nach Itamaraca, einer vorgelagerten Insel an der Küste des heutigen Brasiliens am Rio Paraiba. Dort wurden auf einem Monolith antike mediterrane Figuren und Glyphen entdeckt. Da die Insel mit einer Wüste hinter der Küste zu unwirtlich für eine Besiedelung war, fuhren die Neuankömmlinge weiter einige Seemeilen Kurs Nord-Nordwest zur Festlandsküste, wo sie in der Nähe des Amazonas-Deltas auf die Zivilisation der Marachow trafen. Nachgewiesen ist, daß vor etwa 2000 Jahren bei diesem Volk eine Kulturrevolution und eine massive Bevölkerungszunahme stattfanden. Erhaltene Graburnen aus jener Epoche weisen Form und Dekor aus dem antiken Mittelmeerraum auf – griechische Vasenformen und keltische Spiralmuster. Im Europa der Antike beeinflußten sich die Kulturen auch in den Kunstformen. Dieser spezielle Keramikstil mehrfarbiger Graburnen fand sich auch am oberen Amazonas. Es wird angenommen, daß die Entwicklung bei den Marachow begann und dann die anderen Völker den Amazonas hinauf beeinflußte. Die Annahme, daß Karthager und Kelt-Iberer für Nachkommen in Amazonien sorgten, findet Bestätigung durch einen Chronisten, der über eine spanische Expedition 1541 berichtete, die auf der Suche nach dem sagenhaften Goldland den Amazonas hinauffuhr und an dicht besiedelten Flußufern und fruchtbarem Ackerland vorbeikam. Von dort wurden die Spanier mit einem Pfeilhagel überschüttet. Nackte hellhäutige Frauen griffen sie an. Durch die Berichte über diese kämpferischen Frauen als Amazonen erhielt der Strom seinen Namen.

Der Hobbyarchäologe Heinz Budweg hat eine im brasilianischen Regenwald gefundene Axt untersuchen lassen, bei der sich herausfinden ließ, daß der mit einem Stier- oder Antilopenkopf verzierte Axtkopf aus Messing besteht, in einer Kupfer-Zink-Legierung, wie sie nur im Mittelmeerraum der Antike gefertigt wurde. Zudem kamen diese Tierarten in Südamerika nicht vor. Der erneuerte Axtstiel besteht aus Holz des Pantanal, einem Sumpfgebiet am Rio Paraguay, dessen Alter auf 1500 Jahre datiert wurde.

Karthager und Kelt-Iberer fuhren mit ihren Schiffen den Amazonas hinauf und siedelten sich in den Anden an. Im Nordosten Perus bestand damals die Hochkultur der Chachapoya. Ihr Hauptsitz war Kuelap, eine Felsenstadt in 3000 Metern Höhe. Die Wohnhäuser standen auf runden Steinfundamenten, wie bei den iberischen Kelten, die an der hispanischen Atlantikküste ebenfalls außergewöhnliche Bauplätze wählten. Kuelap ist die größte Festungsanlage in Südamerika. Einzigartig ist ihre Bauweise, die so nur im antiken Mittelmeerraum üblich war.

Die Chachapoya waren ein kriegerisches Volk. Vor der Festung wurden viele Skelette von Angreifern gefunden, die durch Steinschleudern getötet worden waren. Die Steinschleuder war ihre Hauptwaffe, ihre Art in Südamerika einmalig. Unter den tausenden kelt-iberischen Söldnern in Karthagos Armee waren die Steinschleuderer von den Balearen eine besonders schlagkräftige Truppe. Ein Vergleich zwischen einer erhaltenen Steinschleuder der Chachapoya mit einer traditionellen Steinschleuder von den Balearen beweist, daß sie gleichartig sind, einschließlich der besonderen Knüpfart der Schlinge für das Geschoß. Die Kelt-Iberer wickelten sich die Steinschleudern um den Kopf. Auch die Chachapoya trugen ihre als Kopf-schmuck.

Auch medizinisch ist eine Gemeinsamkeit nachgewiesen. Die Chachapoya wandten die gleichen Schädeloperationstechniken an wie die Kelten. Beide öffneten Schädel, um bei Krankheiten den Druck vom Gehirn zu nehmen und böse Geister zu vertreiben. Die Bohrmethode war die gleiche wie die in den Hippokratischen Schriften 500 v. Chr., die die Kelten von den Griechen übernommen hatten.

Untersuchungen an Chachapoya-Mumien jener Epoche wiesen Anzeichen von Tuberkulose nach, wie sie vom Europa der Antike bekannt ist. Die Lehrmeinung war bisher, daß solche Krankheiten erst in der Zeit ab Kolumbus nach Amerika eingeschleppt wurden.

Felsenzeichnungen der Chachapoya zeigen eine Figur, ähnlich dem antiken keltischen Gott Cernunnos mit seinem Hirschgeweih.

Eine Malerei aus der Inka-Zeit zeigt gefangene Chachapoya-Frauen mit rot-blonden Haaren und heller Haut. Noch heute leben in dieser Region Perus um die Ortschaft Limabamba unter den Nachfahren der Chachapoya einige Menschen mit blonden oder roten Haaren und heller Haut. Ihre indigene Abstammung ist dabei unbestritten. Schon die wenigen spanischen Chronisten der Kolonialzeit, die in dieses abgelegene Territorium gelangten, berichteten über dieses Phänomen.

An der Universität Rotterdam wurde durch die Analyse aktueller Speichelproben dieser in Peru seltenen Menschen eine westeuropäische Abstammung zu 10-15 % nachgewiesen. Dafür, daß diese Gene mehr als 2000 Jahre überdauert haben, ist das eine Menge. Diese Gene gleichen denen von Menschen auf den Britischen Inseln und in Galicien, dem letzten heute noch keltischen Teil Spaniens.

Die Geschichtsbücher sollten korrigiert und um ein Kapitel ergänzt werden.

Aquae Mattiacorum –
Kelt-germanisch/römische Eintracht im Badeort

Wiesbaden war schon in der römischen Antike ein bedeutender Kurort. Wegen der heißen Quellen, die in dieser Qualität und Häufigkeit nur an wenigen Plätzen auf der Erde vorkommen, wurde Aquae Mattiacorum – Die Wasser der Mattiaker – so der Name der Ortschaft, im Römischen Reich als Heilbad geschätzt.

Nachdem Gallien und die Gebiete bis zum Rhein durch Cäsar in der Mitte des 1. Jahrhunderts v. Chr. römische Provinzen geworden waren, kam es vermehrt zu kriegerischen Vorstößen germanischer Stämme über den Rhein. Um dies zu unterbinden, wurden von den linksrheinisch gelegenen römischen Legionslagern Vorstöße in rechtsrheinisches Gebiet unternommen, zur Machtdemonstration mit Strafaktionen und für Bündnisverträge sowie zur Ausdehnung und Stabilisierung der Nordgrenze der Provinz Germania Superior.

Als die Römer Anfang des 1. Jahrhunderts n. Chr. die Wälder des Taunus erkundeten, trafen sie in der Gegend des heutigen Wiesbaden auf die Mattiaker. Diese waren ein keltisch-germanisches Mischvolk und ein Teilstamm der Chatten, deren Siedlungsgebiete bis ins heutige Nordhessen reichten.

Anmerkung
Von dem Namen Chatten leitet sich der Name Hessen ab. Aus Chatten, gesprochen Xatten, wurde im Laufe der Zeit Hatten, daraus Hassen und daraus schließlich Hessen.

Die Mattiaker waren den Römern freundlich gesonnen und mit deren Präsenz einverstanden.

Für die Römer war diese Gegend mit den heißen Quellen besonders attraktiv. Schon in den Jahren 6 bis 15 begannen sie mit der dauerhaften Besiedelung. In Konflikt gerieten die Römer dort mit den Kernstämmen der Chatten, die Raubzüge auch auf linksrheinischem römischem Gebiet unternahmen. Im Chattenkrieg um das Jahr 50 waren die Römer siegreich. Im Siedlungsgebiet der Mattiaker um die heißen Quellen nahm die Bebauung der römischen Ortschaft Aquae Mattiacorum zu. Der Name war auch eine

Respekterweisung an die einheimische Bevölkerung. Die Ortschaft erhielt den Status eines römischen Vicus (Siedlung mit Verwaltungssitz) und wurde Hauptort des römischen Verwaltungsbezirks Civitas Mattiacorum, der sich mit dem Siedlungsgebiet der Mattiaker vom Rheingau bis zum Main erstreckte. Die Mattiaker wurden auch mit dem Schutz betraut.

Auf dem auch heute so heißenden Römerberg und auf dem Schulberg in der Nähe eines errichteten Kastells, in dem die römischen Soldaten stationiert waren, entstand ein römisches Wohngebiet oberhalb der heißen Quellen. Tempel wurden errichtet, die neben römischen auch keltischen Gottheiten geweiht waren, wie Sirona, einer Heilgöttin, nach der auch eine der heißen Quellen in der heutigen Schützenhofstraße benannt ist, Epona und Apollo Toutiorix. Thermen genannte Badehäuser, Wandelhallen und Unterhaltungsstätten wurden entlang der heißen Quellen gebaut, wie damals üblich bei freiem Eintritt für die gesamte Bevölkerung. Eine Flaniermeile entstand – die Via Maxima, die mit ihren zahlreichen Badehäusern, Tempeln, Kureinrichtungen, Schmuck- und Andenkenläden, einer Börse und einem Markt im Bereich der heutigen Langgasse und des Kranzplatzes lag. Auf dem Markt wurden Orangen, Zitronen und sogar Bananen angeboten. Reger Handel fand statt. Die sogenannten Mattiakischen Kugeln, die aus dem Sinter (Ablagerungen der heißen Quellen) geformt wurden zum Rotfärben der Haare, wurden nach Rom exportiert. Kurgäste aus vielen Teilen des Römischen Reiches verweilten hier. Besonders die Soldaten des Doppellegionslagers Mogontiacum (Mainz) kamen zur Kur hierher. Veteranen und wohlhabende Zivilisten wohnten in Villae rusticae (bäuerliche Landhäuser), die in den Wäldern und an Feldern zu kleinen Ansiedlungen zusammengeschlossen und auch einzeln verteilt waren und in den Gegenden heutiger Vororte wie Bierstadt, Erbenheim, Schierstein und Dotzheim und tief in den Wäldern im Rabengrund und im Goldsteintal lagen. Am Hollerborn lag eine der größeren Ansiedlungen, die sich etwa eine Viertelstunde Richtung Ortszentrum erstreckte und an der eine Straße in den Rheingau vorbeiführte, wo die Römer Weinbau betrieben. Viele Gutshöfe und Raststätten befanden sich im Wiesbadener Umland. Andere Fernstraßen führten von den aus dem Ortskern kommenden Straßen aus zum Kastell nach Hofheim und nach Castellum Mattiacorum (Mz-Kastel), und eine Militärstraße führte über den Taunuskamm zum Kastell Zugmantel am Limes. Entlang der Fernstraßen lagen in Ortsnähe Grabfelder und Äcker.

Die Ansiedlungen waren an die örtliche Wasserversorgung angeschlossen. In den Gegenden der heutigen Vororte wurde das Wasser auch von den Waldquellen direkt hingeleitet. Es gab ein Trinkwasserleitungssystem und eine Abwasserkanalisation, deren technische Standards nach dem Zusammenbruch des Römischen Reiches erst wieder im 19. Jahrhundert annähernd erreicht wurden. Vielerorts im heutigen Stadtgebiet fanden sich bei Ausgrabungen Leitungsrohre und Wasserhähne. Insbesondere die luxuriösen Badehäuser mit ihren Warm- und Kaltwasserbecken, Schwitzbädern und weiteren Kur- und Freizeitangeboten waren architektonische und technische Meisterleistungen.

Es war eine Zeit des Friedens und der Eintracht, des Wohlstands und der kulturellen Blüte, die das ganze 2. Jahrhundert bis ins 3. Jahrhundert andauerte, also überwiegend gleich der Epoche der Adoptivkaiser war. Als Hadrian den Limes ausbauen ließ, wurde die Garnison vom Kastell nach Norden verlegt. Aquae Mattiacorum war so zeitweise ein ziviler Ort.

Mit dem Einfall der Alamannen im 3. Jahrhundert brach wieder Krieg aus, den die Römer zwar gewannen, aber als die Völkerwanderung einsetzte, fiel es Rom zunehmend schwerer, die äußeren Provinzen zu halten. Die Alamannen konnten zwar als Verbündete gewonnen werden, die den Schutz der Provinz mit gewährleisteten, doch andere Germanenvölker drängten nach. Zudem wurden die Legionen vermehrt zur Verteidigung der inneren Provinzen und Italiens gebraucht, so daß Rom im 5. Jahrhundert die Rheinprovinzen aufgab. Bald darauf übernahmen die Franken die Macht. Die einheimische Bevölkerung dürfte in ihren Wohngebieten ansässig geblieben sein. Es fanden sich keine archäologischen Hinweise auf eine Unterbrechung der Besiedelung.

Als mit Karl dem Großen im 8. Jahrhundert eine neue Ära anbrach, die am Römischen Reich orientiert war, wurde erstmals der Name Castrum Wisibada dokumentiert.

Der Name der Mattiaker ist dennoch unvergessen und steht auf einer Tafel am Portal des weltberühmten Wiesbadener Kurhauses: Aquis Mattiacis – Den Mattiakischen Wassern.

Massalia –
Wo Druiden mit Pythagoräern zusammentrafen

Das heutige Marseille entstand der Legende nach, als griechische Seefahrer die Gegend um die Rhone-Mündung erkundeten und eine dort heimische keltische Königstochter den Anführer der Griechen heiratete. Gemeinsam gründeten sie die Ortschaft Massalia, in der Kelten und Griechen harmonisch miteinander lebten.

Die Griechen stammten aus der ionischen Stadt Phokaia an der Küste Kleinasiens und gründeten dank der Landschenkung eines ligurischen Fürsten im 7. Jahrhundert v. Chr. einen Handelsposten an der südöstlichen Küste Galliens. Dort lag im Unterschied zu der meist felsigen gallischen Küste eine geschützte Bucht, die als natürlicher Hafen genutzt wurde.

Von den ligurischen Stämmen des Umlandes wurde vor allem Zinn gegen Töpferwaren und Schmuck getauscht. Massalia wurde zur größten und reichsten griechischen Kolonie im Mittelmeerraum, deren kultureller Einfluß durch die Rhone als natürlichem Verkehrsweg weit ins gallische Hinterland reichte. Die Übernahme des griechischen Alphabets durch keltische Stämme ist historisch belegt.

Faszinierend ist besonders der pythagoräische Kontakt mit den Druiden. Die von dem ionischen Universalgelehrten Pythagoras begründete gleichnamige Gemeinschaft beeinflußte Naturwissenschaften, Philosophie und Politik im griechischen Kulturraum jener Zeit. Der Einfluß der Druiden im keltischen Kulturraum war von ähnlicher Bedeutung. Sie waren Astronomen, Mathematiker, Ärzte und Naturheilkundler, politische Berater, Richter, religiöse Kultleiter und Mysten. Chirurgische Instrumente, wie sie damals nur von griechischen Medizinern benutzt wurden, fanden sich in druidischen Gräbern, ebenso in griechischer Sprache verfaßte Schriftstücke allgemeiner Art – ihr spezielles Wissen gaben sie nur mündlich an ihre Nachfolger weiter. Zudem ähnelte das äußere Erscheinungsbild der Druiden in Haar- und Barttracht sowie der Gewandung dem von griechischen Philosophen. Eine weitere Übereinstimmung mit den Pythagoräern ist der Glaube an die Metempsychose – die Seelenwanderung.

In Massalia, wo sich sozusagen die Schnittmenge aus griechischem und keltischem Kulturkreis befand, ist sogar mit Gewißheit anzunehmen, daß Druiden und Pythagoräer zusammentrafen und einander inspirierten.

Mit Nizza, Malaga und Alalia auf Korsika entstanden weitere phokaische Kolonien. Im 6. Jahrhundert aber fiel Kleinasien nach und nach unter persische Herrschaft. Der Bevölkerung Phokaias gelang nach langer Belagerung in hoffnungsloser Lage die Flucht in ihre westlichen Kolonien. Inzwischen war Massalia so mächtig geworden, daß es seine eigenen Kolonien gründete, auch auf der Iberischen Halbinsel. Die Karthager jedoch, die im westlichen Mittelmeerraum selbst viele Kolonien hatten, fürchteten um ihre Machtstellung und setzten in einer Allianz mit den Etruskern der weiteren Expansion von Phokaiern und Massalioten in der Seeschlacht bei Alalia ein Ende. Die griechische Flotte wurde jedoch trotz feindlicher Übermacht nicht besiegt; Karthager und Etrusker mußten sich wegen hoher Verluste zurückziehen. Die Griechen waren aber so geschwächt, daß sie einem neuen Angriff nicht hätten standhalten können und zogen es vor, Alalia zu evakuieren und die Kolonie aufzugeben. Korsika fiel an die Etrusker, Sardinien an die Karthager. Massalia besiegte dafür Karthago bei zwei späteren Seeschlachten in Folge und verwies es in seine Schranken. Auch die Etrusker scheiterten dabei, griechische Städte in Süditalien zu erobern.

Massalia blühte weiter.

Im 2. Jahrhundert jedoch kam es zunehmend zu Konflikten mit gallischen Stämmen. Das Römische Reich, inzwischen Großmacht im Mittelmeerraum, half Massalia und annektierte gesamt Südgallien. Massalia behielt seine Unabhängigkeit noch für eine Weile bei. Weil der Stadtstaat sich aber im römischen Bürgerkrieg neutral verhielt, anstatt Cäsar, wie von ihm gefordert, im Kampf gegen Pompeius zu unterstützen, wurde er 49 v. Chr. von römischen Truppen erobert und in die Provinz integriert. Die griechische Kultur ging allmählich in der ihr verwandten römischen Kultur auf.

Nach dem Untergang des Römischen Reiches fiel die Stadt nacheinander an die Westgoten, die Ostgoten, die Franken und an Niederburgund. Erst im Hochmittelalter wurde Marseille wieder zur eigenständigen Republik und schließlich 1481 mit Frankreich vereinigt.

Pytheas, der legendäre Forschungsreisende

(380-320 v. Chr.)

Pytheas war Astronom, Mathematiker, Geograph und Seefahrer und lebte in Massalia (Marseille), einer ionischen Kolonie an der südöstlichen Küste Galliens.

Von dort aus unternahm er 330 v. Chr. eine höchst bedeutende Forschungsreise in den Nordwesten Europas. Weil sein Reisebericht nicht erhalten ist, stammen die überlieferten Angaben von mehreren späteren antiken Gelehrten, die sein Schriftwerk noch gekannt und zitiert haben.

Unklar ist, ob Pytheas bereits die Iberische Halbinsel umschiffte oder auf Flußwegen an die gallische Atlantikküste gelangte. Stationen seiner Seereise waren die Bretagne, Cornwall, die Isle of Man und die Hebriden. Vom Meer aus vermaß Pytheas die Küstenlänge von Albion – keltischer Name für die Britischen Inseln. Mit seiner Sonnenuhr bestimmte er die Entfernung von der Nordspitze Schottlands zum Heimathafen Massalia auf 1700 km (exakt: 1815 km).
   Von Schottland aus segelte er 6 Tagesfahrten nordwärts nach Thule, womit Island, die Färöer oder die Lofoten gemeint sind. Eine weitere Tagesfahrt nördlich erreichte er das Eismeer und beobachtete als erster hellenischer Forscher Treibeis. Auch von Polarlichtern und der Mitternachtssonne berichtete Pytheas.
   Vom hohen Norden aus segelte er südwärts in die Nordsee und zur Insel Abalon – keltischer Name für Helgoland – von der er erstmals die Kunde in den griechisch-römischen Kulturraum brachte. Bernstein, das an deren Stränden angespült wurde, beschrieb er erstmals in der Forschung als fossiles Baumharz. Auch war er der erste, der die Gezeiten mit den Mondphasen in Zusammenhang brachte.

Von Pytheas´ Lebensverlauf insgesamt ist kaum noch etwas bekannt. Viele der antiken Gelehrten hielten ihn für einen Fantasten und bezweifelten seine Berichte, weil es ihr Vorstellungsvermögen offenbar überstieg.
   Pytheas – Forschergenie und Mythos zugleich.

Die Adoptivkaiser –
Als die Philosophen regierten

Die Epoche des Adoptivkaisertums von 96 bis 180 ist eine der besondersten in der römischen Geschichte und in der gesamten Menschheitsgeschichte. Platons Empfehlung aus dem 4. Jahrhundert v. Chr. „Entweder sollen die Philosophen herrschen oder die Herrschenden philosophieren." erfüllte sich in dieser Zeit. 6 Kaiser zeichneten sich durch eine überwiegend weise und soziale Regierung aus, die zugleich auf vielerlei Weise am erfolgreichsten war, weshalb antike Historiker diese Ära `Goldenes Zeitalter´ nannten.

Nerva
(30-98/Regnum: 96-98)

Trajan
(53-117/Regnum: 98-117)

Hadrian
(76-138/Regnum: 117-138)

Antoninus Pius
(86-161/Regnum: 138-161)

Marcus Aurelius
(121-180/Regnum:161-180)

Lucius Verus
(130-169/Regnum: 161-169)

Nerva

Nach dem erfolgreichen Attentat auf Domitian, der für den Senat und sogar seine eigene Familie wegen seinen willkürlichen und wahnhaften Hinrichtungswellen bedrohlich geworden war, wurde im Jahr 96 der aus Etrurien stammende knapp 66jährige Jurist und Senator Nerva zum Kaiser gewählt. Er war schon früher zu Ehren gekommen, als er an der Aufdeckung einer Verschwörung gegen Nero mitgewirkt hatte. Nerva hatte keine Kinder und war als Übergangskaiser gedacht.

In seiner 16monatigen Regierungszeit hat er besonders wohltätig gewirkt. Nerva ließ die wegen Verrats Inhaftierten frei, ließ beschlagnahmtes Eigentum zurückerstatten und verbot die Majestätsprozesse. Es gelang ihm, die zerrütteten Staatsfinanzen zu sanieren; er setzte dafür auch sein eigenes Vermögen ein. Er veranlaßte die Einrichtung staatlicher Alimentarfonds, um hilfsbedürftigen Kindern Unterhalt und Ausbildung zu ermöglichen. An notleidende römische Bürger ließ er Land im Wert von 60 Millionen Sesterzen verteilen. Die Juden befreite er von schwerer Steuerlast. Die Prätorianergarde dagegen überhäufte er nicht mit Geldgeschenken, wie es bei seinen Vorgängern, um deren Gunst zu erkaufen, üblich war, weshalb es zur Meuterei kam. Nerva handelte raffiniert und adoptierte Trajan, den Befehlshaber der Legionen an der germanischen Grenze, der bei den Soldaten hoch in Ehren stand. Und es waren die von Rom aus am nächsten stationierten Legionen. Die Prätorianer zogen es daraufhin vor, ihre Meuterei zu beenden und sich zu bescheiden.

Als bauliche Maßnahme ließ Nerva das Forum Transitorium fertigstellen, das die Kaiserforen mit dem Forum Romanum verband und nach ihm benannt wurde.

Nerva starb in seiner Villa an den Folgen eines Schlaganfalles. Trajan ließ Nerva auf Senatsbeschluß divinisieren (vergöttlichen).

Trajan

Er stammte aus Italica, einer alten römischen Kolonialstadt in Hispanien, die schon vor der römischen Provinz bestand. Seine Vorfahren stammten aus Umbrien. (Er wird manchmal irrtümlich als Spanier bezeichnet.)

In Trajans Regierungszeit erreichte das Römische Reich seine flächenmäßig größte Ausdehnung – von Britannien bis zur Sahara und von Hispanien bis nach Babylonien. Er führte mehrere siegreiche Kriege gegen die Daker, einen mächtigen thrakischen Volksstamm auf dem Balkan, und gegen die Parther aus Persien. Machtpolitische Provokationen gegen Rom und dessen Klientelstaaten führten dazu, die Trajan nicht ungelegen kamen, da er so den Grund dazu bekam, die Grenzen zu erweitern. Zudem füllte die Kriegsbeute die römische Staatskasse. Allein der Sieg über das Dakerreich brachte einen Gewinn ein von 250 Tonnen Gold und 500 Tonnen Silber. An der Grenze zu Germanien genügte es Trajan, für stabile Verhältnisse zu sorgen und den Frieden aufrechtzuerhalten.

Erst zwei Jahre nach seiner Ernennung zum Kaiser kehrte er aus den Donauprovinzen zurück. Er verzichtete dabei auf Prunk und zog zu Fuß in Rom ein. Er pflegte ein wohlwollendes und respektvolles Verhältnis zum Senat und bezeichnete sich als `Primus inter pares´ – `Erster unter Gleichen´. Den alten Leittugenden: Milde, Gerechtigkeit, Frömmigkeit und militärische Tüchtigkeit wurden weitere hinzugefügt: Mäßigung, Selbstbeherrschung, Sanftmut, Freundlichkeit und Menschlichkeit.

Der Senat und das Volk von Rom verliehen Trajan im Jahr 100 den bisher und später einmaligen Ehrentitel `Optimus Princeps´ – `Bester Kaiser´.

Zu seinen sozialpolitischen Maßnahmen zählte die Ausweitung der von Nerva eingerichteten Alimentarstiftung auf ganz Italien. Damit unterstützte Trajan hunderttausende Kinder. In Rom ließ er kostenlos Getreide verteilen. Die Aqua Trajana, eine neue 60 Kilometer lange Wasserleitung, versorgte nun auch die schlechter gestellten Wohnviertel in den Randbereichen Roms. Das Straßennetz in Italien wurde verbessert, neue Häfen wurden gebaut. Er ließ berühmte Baukomplexe wie die Trajansthermen, ein öffentliches Prachtschwimmbad, und das Trajansforum, ein gigantisches mehretagiges Einkaufszentrum mit 2 Bibliotheken, öffentlichen Verwaltungseinheiten und Parkanlagen, errichten. Die Trajanssäule, ein Siegesdenkmal, ist erhalten geblieben. In den Provinzen ließ er neue Städte bauen.

Seine Ehe mit Plotina blieb kinderlos. Das trug dazu bei, die Adoption des Besten als Nachfolgeregelung zu idealisieren.

Nach dem siegreichen Krieg gegen das Partherreich stieß Trajan 116 bis an den Persischen Golf vor, so weit nach Osten wie kein anderer römischer Kaiser. Wie schon Alexander der Große träumte er von einer Eroberung Indiens, wähnte sich aber als nicht mehr jung genug für die Verwirklichung dieses Vorhabens. Trajan kehrte nach Babylon zurück.

Inzwischen war ein Aufstand der Juden in mehreren Provinzen Afrikas und Asiens ausgebrochen, dem die römischen und griechischen Bevölkerungen ganzer Städte zum Opfer fielen. Die meisten Truppen waren eingesetzt, den Aufstand zu beenden. Das hatte zur Folge, daß in vielen anderen Provinzen Aufstände der Einheimischen ausbrachen. Die römische Armee war dabei überall siegreich.

Auf seiner Rückreise nach Rom erlitt Trajan in einer kleinasiatischen Hafenstadt einen Schlaganfall und starb kurz darauf. Er hatte schon seit längerem an einer schweren Ödem-Erkrankung gelitten, aber noch keine Nachfolgeregelung getroffen. Als er im Sterben lag, adoptierte er Hadrian, der Statthalter in Syrien war. Sein Vater war ein Vetter Trajans. Weil die Adoptionsurkunde aber von Kaiserin Plotina unterzeichnet war, wurde die Gültigkeit der Adoption von Führungskreisen angezweifelt. Hadrian konnte sich jedoch behaupten. Trajan wurde divinisiert. Seine Regierung galt in der Spätantike als die beste der römischen Kaiserzeit.

Hadrian

Nachdem Hadrian, der auch schon als Feldherr eingesetzt war, die letzten Erhebungen der Juden niedergeschlagen hatte, nahm er die militärische Reorganisation im Osten und an der Donau vor. Er beendete die Expansionspolitik Trajans, gab schwer zu haltende Provinzen im Osten auf und berief sich dabei auf Numa Pompilius, den 2. König von Rom und friedfertigen Nachfolger Romulus', und auf Augustus, der dazu geraten hatte, das Reich in seinen Grenzen, die zu seiner Zeit auch schon ausgedehnt waren, zu belassen. Stattdessen ließ Hadrian die Grenzen weiter befestigen. Die Limites genannten Grenzwälle mit Wachttürmen und Kastellen wurden ausgebaut und erweitert. Zwei der bedeutendsten und teilweise erhaltenen Grenzanlagen aus dieser Zeit sind der Obergermanisch-Rätische Limes und der Hadrianswall, die beide von der UNESCO zum Weltkulturerbe ernannt wurden. Die Limites waren nicht nur militärische Grenzen, sondern ermöglichten auch die Kontrolle von Einreise und Güterverkehr an den Toren. Sogar am Rand der Sahara wurde ein Limes errichtet.

Hadrian begab sich 121 auf eine vierjährige Inspektionsreise an die Außengrenzen des Imperiums. Dabei legte er mit seinem Gefolge ein Tempo vor, das bei einer durchschnittlichen Reisegeschwindigkeit von 20-30 Kilometern am Tag erst wieder im 19. Jahrhundert erreicht wurde. An den Truppenstandorten beschränkte Hadrian seine Inspektionen nicht nur auf den militärischen Bereich, sondern untersuchte auch private Angelegenheiten. Dort, wo ihm das Lagerleben zu luxuriös vorkam, leitete er Gegenmaßnahmen ein. Die Soldaten waren davon beeindruckt, daß er ihre täglichen Strapazen mit ihnen teilte und ohne Kopfbedeckung jedem Klima trotzte, ob der Kälte in Nordeuropa oder der Hitze in Afrika. Die von ihm eingeführten militärischen Übungen und Methoden zur Motivierung und Schulung der Disziplin wurden bis ins 3. Jahrhundert beibehalten. Um den Frieden zu sichern, müssen die Truppen voll schlagkräftig sein, war ein Motto von ihm.

Kriege fanden während seiner Regierungszeit nicht statt. Nur einen erneuten jüdischen Aufstand, der zugleich der letzte war, mußte er niederschlagen. Den Juden verbot er übrigens ihr Beschneidungsritual, weil er dies als Verstümmelung ablehnte.

Hadrian ließ die Rechtsprechung verbessern und führte eine Systematisierung von Rechtsnormen ein, die in Rom und den Provinzen mehr soziale Gerechtigkeit für benachteiligte gesellschaftliche Gruppen und Schichten bewirkten. So durften Mädchen nicht mehr gegen ihren Willen verheiratet werden, Frauen wurden berechtigt, über ihr Vermögen und Erbschaften selbst zu bestimmen. Er war sehr volksnah. Wenn er in Rom war, fand er trotz seines enormen Arbeitspensums Zeit dazu, öffentliche Stätten aufzusuchen. Bürger konnten ihn auch schon mal in den Thermen antreffen und mit ihm ins Gespräch kommen. Bürgerinnen trafen ihn eher außerhalb, weil Frauen-Thermen für Männer tabu waren. Genauso ehrte er den Senat und pflegte den Umgang mit Senatoren. Wenn Mitglieder des Senatorenstandes finanziell in Bedrängnis gerieten, half er ihnen aus. Darum mußte er nicht mal gebeten werden; wenn er Mangel entdeckte, bot er von sich aus Abhilfe an. Abends lud er Philosophen, Künstler und Gelehrte in seine Villa ein.

Auch in den Gebieten, die er bereiste, förderte Hadrian die Wohlfahrt. Er initiierte viele Projekte, die er für notwendig hielt, förderte lokale kulturelle Traditionen, die er für zivilisiert hielt, finanzierte großangelegte Bauprojekte zur Repräsentation und Verbesserung der Infrastruktur und ließ Grabanlagen bedeutender Persönlichkeiten instandsetzen. Vor allem Griechenland, besonders Athen, und das griechische Kleinasien bedachte er dabei in hohem Maße. Hadrian schwärmte für den Hellenismus, was sich auch in seinem Erscheinungsbild zeigte. So war er der erste römische Kaiser mit Frisur und Bart nach griechischer Art; gelegentlich erschien er auch in griechischer Gewandung.

Hadrian beschäftigte sich intensiv mit den einzelnen Richtungen der griechischen Philosophie und dürfte dabei für sich eine Auswahl jeweiliger Inhaltsbereiche getroffen haben. Desweiteren interessierte er sich für Malerei, Musik, Poesie, Bildhauerei, Mathematik, Astronomie und Heilkunde. In Rhetorik hatte er es bereits in seiner Ausbildung zur Meisterschaft gebracht. Während seines einjährigen Aufenthaltes in Griechenland ließ er sich auch in die damals berühmten Eleusinischen Mysterien einweihen und galt dabei als `Wiedergeborener´.

Hadrian setzte sich für die Einheit und den Zusammenhalt der griechischen Stadtstaaten ein, wohl auch mit dem politischen Kalkül, einen stabilen Machtblock in der östlichen Hälfte des Römischen Reiches neu zu etablieren, um es nach außen zu sichern.

Im gesamten Reich ließ Hadrian neue Städte bauen und leitete eine Vielzahl an Baumaßnahmen ein. Zu den bedeutendsten Bauwerken zählen das auf seine Initiative nach Jahrhunderten vollendete Olympieion in Athen und das Pantheon in Rom.

Hadrian war verheiratet mit Sabina, einer Großnichte Trajans. Die Ehe blieb kinderlos und soll nicht harmonisch gewesen sein. Auf seiner zweiten vier Jahre dauernden Reise ab 128 hatte er einen jugendlichen Geliebten bei sich, Antinoos, der aus Bithynien stammte. Eine solche Beziehung galt im antiken Griechenland, außer in Sparta, sogar als vornehm und wurde in Rom zumindest als nicht ungewöhnlich eingestuft. Während einer Schiffsfahrt auf dem Nil ertrank Antinoos. Es ist anzunehmen, daß es ein Freitod war, weil er zu dem Zeitpunkt fast volljährig war und die Beziehung geendet hätte, da eine Liebesbeziehung zwischen zwei erwachsenen Männern dagegen gesellschaftlich nicht akzeptiert wurde. Zudem war etwa um diese Zeit der Jahrestag, daß Osiris im Nil ertrunken war und so zum Gott wurde. Deshalb hieß es damals, daß im Nil Ertrunkene göttliche Ehren empfangen. Hadrian in seiner Trauer ließ Antinoos vergöttlichen, am Nil eine nach ihm benannte Stadt bauen – Antinoupolis – und einen Kult um ihn einrichten mit einer Vielzahl an Statuen und Tempeln. Der Antinoos-Kult war beim Volk beliebt, verbreitete sich im Reich und hielt sich bis ins 3. Jahrhundert.

Nach seiner Rückkehr mochte Hadrian nicht mehr in Rom bleiben, das ihm nun zu überfüllt und hektisch war. So zog er sich auf seinen Landsitz bei Tibur zurück, eine paradiesische Parkanlage, nur um ein Viertel kleiner als Rom, mit Palast, Inselpavillon, Thermen, Bibliotheken und Tempeln sowie Nachbauten berühmter Bauwerke Athens, darunter Platons Akademie, und Kopien der schönsten griechischen Statuen.

Seine Ehefrau Sabina lebte nicht mehr mit ihm zusammen und starb 136. Hadrian wurde zunehmend depressiv und psychotisch. In dieser Zeit wurde er sehr krank und war durch eine bluthochdruckbedingte Arterienverkalkung der Herzkranzgefäße weitgehend bettlägerig. Hadrian verdächtigte seinen Schwager Servianus und seinen Neffen Fuscus, Herrschaftsambitionen zu hegen und ließ sie umbringen, was beim Senat Empörung auslöste. Jedoch war er durch seine psychische Beeinträchtigung, die sich auch in Verfolgungswahn äußerte, zeitweilig nicht mehr er selbst.

Dann traf Hadrian eine bedeutsame Nachfolgeregelung, indem er Antoninus, einen nur um 10 Jahre jüngeren Konsul aus seinem Beraterstab, adoptierte unter der Bedingung, daß dieser seinen Neffen Marcus Aurelius und Lucius Verus, den Enkel eines früheren Kommandeurs Trajans, adoptierte. So bestimmte er den nächsten und die übernächsten Kaiser. Einige Monate später starb Hadrian.

Antoninus Pius

In seinem ersten Regierungsjahr setzte Antoninus, dessen römische Familie aus Nimes im südlichen Gallien stammte, gegen den Widerstand des Senats durch, daß Hadrian göttliche Verehrung zuteil wurde; deshalb erhielt er den Beinamen Pius – der Fromme. Von seinen beiden Adoptivsöhnen war der von Hadrian bevorzugte Lucius Verus mit Antoninus´ Tochter Faustina der Jüngeren verlobt worden. Antoninus hob die Verlobung auf und verheiratete seine Tochter mit dem von ihm bevorzugten Marcus Aurelius, dessen leibliche Tante seine Ehefrau Faustina war.

Schon 141 starb Faustina, und Antoninus blieb die 20 Jahre, die er noch lebte, allein. Ihr zu Ehren ließ er auf dem Forum den Faustinatempel errichten. Neben dem Hadrianstempel war dies sein einziges Bauwerk in Rom.

Antoninus′ Regierungszeit war die zweitlängste nach Augustus und die letzte längere Friedensperiode des Römischen Reiches. Er setzte die auf Konsolidierung gerichtete Außenpolitik Hadrians fort. In Britannien ließ er die Reichsgrenze etwa 150 Kilometer nach Norden, an den schmalsten Abschnitt Schottlands zwischen Atlantik und Nordsee, verlegen. Der Antoninuswall mit mehreren Kastellen ersetzte den Hadrianswall für 40 Jahre. Damit ging kein Eroberungsfeldzug einher, denn das Gebiet in den Lowlands mit Edinburgh, wie Rom auf sieben Hügeln erbaut, und Glasgow zählte schon vorher zum Römischen Reich und sollte so nur besser kontrolliert werden können. Der Antoninuswall zählt zum UNESCO-Weltkulturerbe. In Obergermanien ließ Antoninus den Limes um 25-30 Kilometer nach Osten verlegen. Am Tor der Saalburg, einem durch Wilhelm II. restaurierten römischen Kastell bei Bad Homburg, steht eine imposante Statue von Antoninus. Ab seiner Zeit wird im Rhein-Mosel-Gebiet Wein angebaut.

Kulturell und religiös bevorzugte Antoninus altrömische Traditionen und Werte und förderte wie Augustus die Rückbesinnung auf die kultischen und mythischen Wurzeln Roms.

Anders als die meisten Kaiser verließ Antoninus Italien während seiner Regierungszeit nicht. Dafür sorgte er für die bestmögliche Verwaltung in den Provinzen durch seine Statthalter und verschickte viele Briefe. In der Hauptstadt leitete er den komplizierten Verwaltungsapparat mit beachtlichem organisatorischem Geschick. Antoninus pflegte ein gutes Verhältnis zum Senat. Zur Bevölkerung in Rom und in den Provinzen war er wohltätig und freigiebig. Schon als er Kaiser wurde, hatte Antoninus, der reich war, sein gesamtes Privatvermögen der kaiserlichen Schatzkammer überschreiben lassen. Über seinen Finanzhaushalt legte er öffentlich Rechenschaft ab. Die Alimentarfonds erweiterte er, und das Volk von Rom erhielt mehr Geldspenden als je zuvor.

Antoninus′ natürliche Autorität verschaffte dem Reich Bewunderung bis in weit entfernte Länder wie Indien, Hyrkanien und Baktrien, von denen Gesandtschaften nach Rom kamen.

Appianus, ein damaliger Historiker, schrieb:

„Die Welt schien den Idealzustand erreicht zu haben. Die Weisheit führte das Zepter, und dreiundzwanzig Jahre lang wurde die Welt wie von einem Vater regiert."

In der Nacht seines Todes habe Antoninus die Statuette der Göttin Fortuna aus seinem Schlafgemach in das von Marcus Aurelius bringen lassen. An die Prätorianer, die bei Kaiserwechseln stets nervös waren, ließ er die Parole ´Gleichmut´ ausgeben.

Er hinterließ ein wohlgeordnetes Weltreich und einen Staatsschatz in Höhe von 2,7 Milliarden Sesterzen. Schon während der Feierlichkeiten zu seiner Beisetzung wurde Antoninus divinisiert.

Marcus Aurelius und Lucius Verus

Als Marcus Aurelius im Alter von 39 Jahren Imperator des Römischen Reiches wurde, verkörperte er als stoischer Philosoph die vollkommene Tugendhaftigkeit. Unbeirrbare Pflichterfüllung im Dienste der Menschheit war der hohe Anspruch, den er an sich selbst stellte.

Obwohl Antoninus Pius nur Marcus Aurelius als Nachfolger bestimmt hatte, erhob dieser seinen Adoptivbruder Lucius Verus zum Mitkaiser. Sie waren damit faktisch gleichrangig. Den Titel Pontifex Maximus, in der Funktion als oberster Priester, führte nur Marcus Aurelius. Er verheiratete Lucius Verus mit seiner Tochter Lucilla.

Während Marcus Aurelius sich schon von Kindheit an zum Philosophen entwickelt hatte und einen asketischen Lebensstil pflegte – er war zufrieden damit, sich von trockenem Brot und Feigen zu ernähren und auf dem blanken Fußboden zu schlafen – bevorzugte Lucius Verus ein vergnügliches Leben im Luxus. Auch wenn ihre Lebensweise unterschiedlich war, verband beide eine geschwisterliche Liebe, und sie konnten einander vertrauen.

Schwere Zeiten kamen auf Rom zu. Schon kurz nach Beginn ihrer Regierung brachen an den Grenzen mehrere Kriege aus. Hinzu kamen eine tödliche Pockenpandemie und eine katastrophale Tiberüberschwemmung.

162 kam es zum Angriff der Pikten auf den römischen Teil Britanniens, während die Chatten die Provinz in Germanien verheerten. Im selben Jahr eroberten die Parther Armenien und Syrien. Die römischen Legionen waren überall siegreich. Pikten und Chatten wurden zurückgedrängt, das Partherreich in einem dreijährigen Krieg niedergeworfen, seine Hauptstadt zerstört. Doch von dort schleppten die zurückkehrenden Legionen eine Pockenseuche in die inneren Provinzen und nach Rom ein, wo sie heftig wütete, sich im gesamten Reich verbreitete und ein Massensterben auslöste.

Bald darauf überschritten die Markomannen, Quaden und andere germanische Stämme zusammen mit den Jazygen, einem sarmatischen Volksstamm, die römische Donaugrenze, überquerten die Alpen und verheerten Oberitalien. Mehreren Legionen unter Führung beider Kaiser gelang es, die Invasion abzuwehren und die ehemaligen Bündnispartner über die Donau zurückzudrängen.
Auf der Heimreise starb Lucius Verus 169 an einem Schlaganfall.

Die vielen Belastungen für das Römische Reich hatten eine schwere Finanzkrise zur Folge, weshalb Marcus Aurelius den Gold- und Silberanteil der Münzen verringern ließ. Seine eigene Opferbereitschaft zeigte er durch eine 2 Monate dauernde Versteigerung kaiserlichen Eigentums auf dem Trajansforum. Weil die Armee durch die vielen Kriegs- und Seuchenopfer stark dezimiert war, wurden auch Gladiatoren rekrutiert.
171 begann eine großangelegte römische Offensive an der Donau. Bis 175 dauerte der erbitterte Krieg, der auf beiden Seiten hohe Verluste forderte. Nach dem römischen Sieg mußten Markomannen, Quaden und Jazygen Rom einen Gebietsstreifen nördlich der Donau als Pufferzone überlassen. In ihre Länder wurden römische Garnisonen gelegt, und sie wurden verpflichtet, den Grenzschutz in römischem Dienste mit zu übernehmen.
Im selben Jahr kam es zu einem versuchten Staatsstreich, als sich Avidius Cassius, der Oberbefehlshaber im Osten, von seinen Truppen zum Kaiser ausrufen ließ. Zum Bürgerkrieg kam es jedoch nicht, weil er von einem seiner Offiziere getötet wurde. Den Angehörigen und Anhängern des Usurpators erwies Marcus Aurelius Milde und schickte sie in die Verbannung.

176 starb Kaiserin Faustina. Marcus Aurelius erklärte sie zur Göttin und entschloß sich, keine neue Ehe mehr zu schließen.

Marcus Aurelius erließ eine Vielzahl an humanen und sozialen Gesetzen und Verfügungen. Kriegsgefangene wurden nicht mehr versklavt, sondern als Kolonen (bäuerliche Kleinpächter) in den Provinzen angesiedelt. Viele Städte, darunter Ephesos und Karthago, wurden von der Tributpflicht befreit. Sämtliche Steuerschulden wurden gestrichen. Erstmals wurden Standesämter eingerichtet, in denen alle freigeborenen Kinder angemeldet werden mußten. Als oberster Richter hielt er fast täglich Gerichtsverhandlungen ab, entschied meistens zugunsten von Armen und Sklaven, deren Freilassung er förderte.

Kein Pardon hatte er mit den Christen, denen er Illoyalität gegen den Staat vorwarf. Wenn sie öffentlich ihren Glauben bekannten oder wegen allgemeiner Vergehen verhaftet wurden und diesem nicht abschworen, wurden sie hingerichtet. Im Römischen Reich wurden die meisten Religionen akzeptiert. Keltische, ägyptische und persische Gottheiten wurden sogar in das römische Pantheon aufgenommen.

177 kam es erneut zu Unruhen an der Donau. Mit den Jazygen konnte sich der Kaiser friedlich einigen. Gegen Markomannen und Quaden jedoch mußte er wieder Krieg führen, was mit der bedingungslosen Kapitulation beider Völker endete. 179 entstand an der Donau das römische Legionslager Castra Regina, das spätere Regensburg.

Von seinen 19 Regierungsjahren waren 17 Kriegsjahre, von denen Marcus Aurelius viele an einer der Fronten verbrachte. Sein Amt als oberster Richter übte er auch im Feldlager aus, wohin die Prozeßbeteiligten anreisten. In den Nächten beschäftigte er sich mit Verwaltungsangelegenheiten. Um dieses übermenschliche Arbeitspensum leisten zu können, bekam er von seinem Leibarzt, dem berühmten Galen aus Pergamon, Opiate verordnet, welche die Schwäche- und Schwindelzustände, unter denen er litt, abmilderten und ihm wenigstens zu etwas Schlaf verhalfen.

Marcus Aurelius starb im Alter von 58 Jahren in Vindobona, dem späteren Wien, an Krankheit.

Nachfolger wurde sein Sohn Commodus, womit das Adoptivkaisertum zu Ende war. Hätte Marcus Aurelius einen Adoptivsohn zum Nachfolger bestimmt, hätte er seinen eigenen Sohn übergehen müssen und möglicherweise sogar dessen Leben gefährdet. Er wußte um die vielen Charakterschwächen seines Sohnes, der von den besten Lehrern unterrichtet wurde, ohne daß es eine Wirkung auf ihn hatte, und hoffte vielleicht, daß er zur Vernunft kommt, wenn er die Verantwortung übernimmt. Aber Commodus erwies sich als unwürdig.

Marcus Aurelius, der Philosoph auf dem Kaiserthron, so sein Beiname, hat mit seinen in griechischer Sprache verfaßten Schriften, insbesondere den ´Selbstbetrachtungen´, die während seiner letzten Lebensjahre überwiegend im Feldlager entstanden sind, ein berühmtes philosophisches Werk vollbracht.

Den vier berühmten philosophischen Schulen des Platonismus, des Epikureismus, des Stoizismus und der von Aristoteles begründeten Richtung stiftete Marcus Aurelius in Griechenland jeweils einen Lehrstuhl.

Seine Philosophie ist von der Basis her die stoisch-pantheistische; derzufolge ist die Welt ein Teil des Kosmos (= Ordnung), in dem alles miteinander verkettet und verwoben ist, durchwaltet von einer sinnstiftenden Vernunft, dem Logos, auch Natur genannt, der göttlichen Kraft im stoisch-pantheistischen Verständnis. Dieser zu folgen, ist die Aufgabe des Menschen, die zu erfüllen, einzig die Philosophie verhilft. Freilich hat Marcus Aurelius auch in kynischer Art (andere bedeutende philosophische Richtung) über die Verderbtheit der Menschen und die Flüchtigkeit des Materiellen geschrieben.

Gerne hätte er, durch Platon inspiriert, einen idealen Weltstaat des Guten und Schönen verwirklicht, wußte dabei aber, daß dies den Menschen nur aufgezwungen werden könne, solange sie ihre Grundeinstellung nicht ändern und von selbst das Gute und Schöne anstreben würden. So kam er zu der Schlußfolgerung, daß es vernünftig ist, erst bei sich selbst anzufangen und sich zu vervollkommnen.

Deshalb wurde ihm vorgeworfen, er sei introvertiert, uneingedenk dessen, daß schon Aristoteles erklärte, der vollkommene Mensch muß insofern ichbezogen sein, weil er dadurch, daß er sich selbst vervollkommnet, auch seinen Mitmenschen und im weiteren Sinne der Welt nützt – gemäß dem pantheistischen Weltverständnis, demzufolge alles miteinander zusammenhängt.

„Wieviel Muße gewinnt der, der nicht darauf, was sein Nächster spricht oder tut oder denkt, sondern nur auf das sieht, was er selbst tut, daß es gerecht und heilig sei; sieh nicht, sagt Agathon (Athenischer Dichter, 5. Jh. v. Chr.), die schlechten Sitten um dich her, sondern wandle auf gerader Linie deinen Pfad, ohne dich irremachen zu lassen."

Selbstbetrachtungen, Viertes Buch, 18

Die Adoptivkaiser leuchten wie Sterne in der Geschichte für alle Zeit. Ihr Vermächtnis ist die Inspiration für Regierende, Geist und Macht zu vereinen und generell für die Menschen, im wahren Sinne gut zu werden.

Teil IV

Orte

Wiesbaden

Besondere Stadt im Taunus und am Rhein

Mit diesem Kapitel stelle ich meinen Geburts- und Wohnort vor. Wiesbaden ist eine sehr schöne Stadt in einer sehr schönen Region.

Der Name Wiesbaden ist zurückzuführen auf den erstmals im 8. Jahrhundert dokumentierten Namen Castrum Wisibada. Eine irrtümliche häufige Meinung ist, daß Wiesbaden Wiesenbaden oder Bad in den Wiesen bedeutet. Dabei bedeutet das althochdeutsche Wort wisi heilend. Wiesbaden heißt also Heilbad.

Die weltberühmte Kurstadt und Landeshauptstadt von Hessen mit einer Fläche von 203,87 km² und einer Einwohnerzahl von 278.950 (31.12.2021) weist mehrere Alleinstellungsmerkmale und Superlative auf.

Wälder und Parks

Wiesbaden ist großenteils von den Wäldern des Taunus umgeben, einige Stadtviertel liegen am Rhein und am Main. In den Mittelgebirgswäldern sind Buchen und Eichen, Fichten und Kiefern häufig. Es kommen viele Zwiesel (Zwillingsbäume) vor, besonders von Eichen.

Wiesbaden ist eine der am meisten von Wald umgebenen Großstädte in Deutschland. Die Fläche des Stadtwaldes beträgt 4200 Hektar. Dazu passend ist Wiesbaden eine der innerstädtisch am dichtesten bepflanzten Großstädte Deutschlands. 133 Parks und Grünanlagen, 155 Kinderspielplätze und die parkähnlichen 21 Friedhöfe mit einer Gesamtfläche von 370 Hektar liegen im Stadtgebiet. Hinzu kommen die vielen Alleen und Straßen mit ihrer Fülle an Bäumen und Pflanzen allgemein.

Die Stadtteile Frauenstein und Schierstein liegen schon im Rheingau, weshalb Wiesbaden auch als Tor zum Rheingau gilt. Der Rheinhöhenweg genannte Bergkamm, der die Stadt zum großen Teil umgibt, ist der Kraterrand eines aktiven Vulkans. (kleiner Scherz)

Quellen

Im Erdinneren unter der Stadt liegen die heißen Quellen. Insgesamt befinden sich 15 Mineral- und Thermalquellen im Stadtgebiet, die zum Teil für die öffentlichen und privaten Thermalbäder, die Wassertrinkstellen, Wasserspiele und zur Energiegewinnung für die Beheizung von Gebäuden im Quellenviertel genutzt werden.

Zu den Primärquellen (als solche bezeichnet, weil das Wasser direkt aufsteigt) zählen der Kochbrunnen, die Große und die Kleine Adlerquelle, die Salmquelle, die Schützenhofquelle – eigentlich Sironaquelle, benannt nach der keltischen Heilgöttin – und die Faulbrunnenquelle. Das Wasser der über 200.000 Jahre alten Quellen hat seinen Ursprung im südlichen Oberrheingraben in der Nähe von Basel. Von dort fließt es durch verschiedene geologische Schichten, in denen das Wasser mit gesundheitlich wertvollen Mineralien wie Natrium Chlorid (Kochsalz) angereichert wird, hierher. Entlang einer Spalte, die über den Neroberg in Richtung Platz der deutschen Einheit verläuft, steigt es dann aus einer Tiefe von 2000 Metern an die Oberfläche. Durch raschen Anstieg herrschen durchschnittlich hohe Temperaturen. Kochbrunnen und Adlerquelle haben eine Temperatur von 67 °C und zählen zu den heißesten Quellen in Europa. Ihre Kochsalzkonzentration beträgt 6830 mg/kg. Die Sironaquelle hat mit 49 °C eine etwas niedrigere Temperatur, weil sie über einem Quarzgang liegt, durch den kaltes Süßwasser fließt. Ihre Kochsalzkonzentration beträgt 5150 mg/kg.

Eine Besonderheit unter diesen Besonderheiten ist die Faulbrunnenquelle, deren Wassertemperatur bei einer Kochsalzkonzentration von 3225 mg/kg 14 °C beträgt und diesen Namen erhielt wegen des leichten Geruchs nach Schwefelwasserstoff, der entsteht, weil das Wasser durch schwefelkieshaltige Schichten aufsteigt.

Diese sechs staatlich anerkannten Heilquellen in Wiesbaden wurden im Oktober 2016 vom Regierungspräsidium in Darmstadt unter Schutz gestellt. Der komplette örtliche Bereich wurde als Heilquellenschutzgebiet ausgewiesen.

Schwimmbäder

Wiesbaden hat sehr viele öffentliche Schwimmbäder, gemessen an der Einwohnerzahl. Insgesamt sind es 8 im Mattiaqua genannten Bäderbetrieb, davon 2 Thermalbäder: die Kaiser-Friedrich-Therme, ein denkmalgeschütztes Prachtbad, und das Thermalbad Aukammtal; 3 Freibäder: das Opelbad, das durch seine Lage im Wald auf dem Neroberg und sein Panorama als eines der schönsten Schwimmbäder in Europa gilt und Kulturdenkmal ist, das Kallebad und die Maaraue; 1 Frei- und Hallenbad: das Kleinfeldchen; 2 Hallenbäder: das ESWE-Bad und das Hallenbad Kostheim. Zudem gibt es zwei Strandbäder: die Rettbergsaue Biebrich und die Rettbergsaue Schierstein auf einer Insel im Rhein.

Mineralien

Besonders ist auch die mineralogische Bodenbeschaffenheit der Bergwälder um Wiesbaden. Calcit, ein weißes oder hell gefärbtes Mineral mit kristallinen Einschlüssen, und sogenannter Taunus-Quarzit, ein hartes Sedimentgestein aus feinkörnigen Quarzmineralien, sind in hoher Konzentration in den Felsen und im Waldboden enthalten, was auch einen positiven Einfluß auf die Wasserqualität hat. Zudem sind die Steine sehr schön.

Beliebter Urlaubsort, Filmstadt und Millionärsstadt

Wiesbaden war und ist Ausflugsziel und Urlaubsort berühmter Persönlichkeiten. Johann Wolfgang von Goethe schwärmte bei seinen hiesigen Aufenthalten von „der gottgesegneten Landschaft...der unendlichen und höchst schönen Aussicht von den Bergen auf die Wälder und den Rhein". Auch Michail Gorbatschow war begeistert von „der ausgezeichneten Lage und der traumhaften Naturumgebung".

International bekannt ist Wiesbaden auch als Filmstadt. Die Friedrich-Wilhelm-Murnau-Stiftung hat zum Beispiel Fritz Langs Filmklassiker `Metropolis´, der zum UNESCO-Weltdokumentenerbe zählt, aus der von ihr restaurierten Fassung und der lange Zeit verschollen geglaubten, 2008 in Buenos Aires wiedergefundenen, Urfassung rekonstruiert. Die Caligari Filmbühne, ein Arthouse und Festival-Kino, ist von nationalem Rang.

Wiesbaden hat den Ruf als Millionärsstadt. Viele Millionäre wohnen Am Birnbaum, einer Wohngegend in Sonnenberg, im Nerotal, in der Parkstraße (auch im Monopoly eine der teuersten Straßen) am Kurpark, im Aukammtal und in einigen weiteren Villengegenden.

Auswirkungen des Zweiten Weltkrieges

Wiesbaden ist auch architektonisch eine schöne Stadt. Die alten Gebäude mit ihren kunstvollen Fassaden aus dem 19. und frühen 20. Jahrhundert sind überwiegend erhalten.

Grund dafür ist, daß Wiesbaden im Unterschied zu den meisten anderen Großstädten in Deutschland von den Bombardierungen während des Zweiten Weltkrieges nicht so heftig getroffen wurde. Die Royal Airforce hatte zwar in der Nacht vom 2. Februar 1945 eine enorme Menge an Bomben über dem Stadtgebiet abgeworfen – 369.000 Bomben mit 2000 Tonnen Spreng- und Brandmaterial – obwohl die Kurstadt militärisch und industriell bedeutungslos war, weil jedoch vorher starker Nebel aufkam, der die Stadt verdeckte, kamen nur 4 von 12 Pathfinder genannten Zielmarkierern durch, was zur Folge hatte, daß die Bomben eine erhebliche Streuung hatten und viele davon über unbebautem Gebiet niedergingen. So entstanden keine Flächenbrände, die einen Feuersturm ausgelöst hätten, wie bei Bombenabwürfen in dieser Kategorie sonst üblich, und die Stadt blieb weitestgehend erhalten.

Als die Alliierten nach Kriegsende die Einteilung der Bundesländer vornahmen, entstand unter Einfluß der US-Militärregierung Groß-Hessen aus dem vormaligen Volksstaat Hessen und den preußischen Provinzen Kurhessen und Nassau (vorher Hessen-Nassau). Hessen bekam 1946 als erstes Bundesland eine demokratische Verfassung. Kurios ist, daß in der Hessischen Landesverfassung als einziger sämtlicher Bundesländer die Todesstrafe stand; auch wenn sie durch das Bundesrecht von 1949 außer Kraft gesetzt war, wurde der Paragraph erst im Herbst 2018 geändert.

Wiesbaden wurde zur Landeshauptstadt bestimmt. Die rechtsrheinischen Mainzer Stadtteile Kastel, Kostheim und Amöneburg lagen durch die Neuordnung der Landesgrenzen plötzlich in Hessen und wurden Wiesbaden verwaltungsmäßig unterstellt, was auch eine Besonderheit ist. Interessant dabei ist, daß Kastel zur römischen Zeit als Castellum Mattiacorum auch schon von Wiesbaden (Aquae Mattiacorum) verwaltet wurde, aber ähnlich wie in heutiger Zeit bei der Einwohnerschaft mehr Bezug zu Mainz (Mogontiacum) bestand.

Sehenswürdigkeiten und Ausflugsziele

Wiesbaden hat eine schöne nostalgische Altstadt, die sich mit dem Quellenviertel überdeckt. Besonderheiten sind das imposante Römertor, das allerdings aus wilhelminischer Zeit stammt, die Heidenmauer aus bereits spät-
römischer Zeit, als die Christianisierung grassierte, und das römische Frei-
lichtmuseum daneben.

Die nostalgische Stadtbahn Thermine fährt regelmäßig durch die Innen-
stadt und bis auf den Neroberg. Die weltweit größte Kuckucksuhr befindet
sich an einem Urlaubsandenkenladen in der Burgstraße. Viele Luxusartikel-
Läden sind in dieser Gegend verteilt.

In der Wilhelmstraße steht das weltberühmte im klassizistischen Stil er-
baute Kurhaus, in dessen mythisch-sakral anmutender Haupthalle Statuen
von griechischen Gottheiten aufgestellt und Bilder von römischen Gottheiten an Wänden und Decke angebracht sind. Die Spielbank befindet sich
dort. In den Kolonaden davor befindet sich das kleine Casino und gegenüber
das Hessische Staatstheater, ebenfalls im klassizistischen Stil erbaut. Auf
dem Bowling Green genannten Rasenplatz mit seinen Springbrunnen vor
dem Kurhaus fanden Konzerte statt mit berühmten Persönlichkeiten aus
Klassik, Rock und Pop (neuers im Fußballstadion). Heavy Metal- und Punk-
rockkonzerte finden noch im Schlachthof statt, einem über die Stadtgrenzen
hinaus beliebten Kulturzentrum in der Nähe des Hauptbahnhofes. Auf der
Rückseite des Kurhauses mit der Konzertmuschel für weitere klassische
Konzerte liegt der mondäne und zugleich märchenhafte Kurpark mit seinem
riesigen Weiher mit Wasserfontäne und Tretbootverleih, der sich, einem
Bachlauf folgend, an den äußeren Zäunen von Villen gesäumt, über die
Kuranlagen und die Aukammtalanlagen bis nach Sonnenberg erstreckt.

Auf dem Aukamm lädt der malerisch gelegene Apothekergarten mit über
250 Heilpflanzen in 28 Beeten, die auf Tafeln beschrieben sind, zum Ver-
weilen ein. Neben dem in der Nähe gelegenen Thermalbad ist ein Wassertretbecken nach Sebastian Kneipp angelegt.

In der Nähe des Apothekergartens steht die Sternwarte Urania, unweit des
Sonnensystemviertels im Ortsteil Bierstadt. Die Straßen dort sind nach der
Sonne und ihren Planeten benannt, es gibt auch eine Milchstraße.

In Sonnenberg steht eine restaurierte Burg aus dem Hochmittelalter. Der
Ortskern davor wirkt, als wäre die Zeit angehalten. In der Nähe von Sonnenberg tief im Wald liegt das idyllische Goldsteintal und weiter dahinter der
auf dem Rheinhöhenweg in 474 Metern Höhe gelegene Kellerskopf mit

seinem nostalgischen Aussichtsturm. Von dort dem Rheinhöhenweg im westlichen Bogen folgend, ist das nächste größere Etappenziel die Platte, ein Plateau mit Jagdschloß, in dem gelegentlich Veranstaltungen stattfanden. Ganz toll war ein irisch-schottisches Folklore-Fest im Schloßgemäuer vor etwa zwanzig Jahren. Neben der urtümlichen Gaststätte dort befindet sich ein Minigolfplatz.

Von der Platte führen mehrere Wege und Pfade bergab durch den Wald, einer davon in den Rabengrund, ein mystisch anmutendes Wiesental, zum märchenhaften Grottenweiher und ins Nerotal mit der imposanten Felsengruppe und der legendären Leichtweißhöhle. Vom Nerotal auf den Neroberg, Wiesbadens Hausberg, fährt die Nerobergbahn, die älteste und einzige mit Wasserballast betriebene Drahtseilzahnstangenbahn Deutschlands. Oben gibt es viel zu erleben: Das Stadtpanorama, den Monopteros, ein Tempel im hellenistischen Stil, ein kleines Amphitheater, die legendäre Griechische Kapelle – eigentlich eine russisch-orthodoxe Grabeskirche – das Opelbad und den Philosophenweg, einen Walderlebnispfad mit interessanten Stationen und einem Stollen, der zur Fledermaushöhle umfunktioniert wurde, die selbstverständlich nur für ihre Bewohnerschaft offen ist. Zu den 8-10 hier heimischen Fledermausarten zählt auch die seltene Bechsteinfledermaus.

Dem Rheinhöhenweg weiter folgend liegt als nächstes die Eiserne Hand. Weiter geht's zum 454 Meter hoch gelegenen Schläferskopf, benannt nach den vielen Siebenschläfern in der Gegend dort, mit seinem ritterzeitlich anmutenden Aussichtsturm. Wildromantische Waldwege führen von dort bergab zum Tier- und Pflanzenpark Fasanerie, in dem viele heimische Tier- und Pflanzenarten gehalten werden – als Besonderheiten zu erwähnen: Luchse, Wölfe, Bären und Wisente sowie Mammutbäume. Von dort führen Waldwege ins Wellritztal, eine idyllische Auenlandschaft, und an den Waldrand.

Dem Rheinhöhenweg weiter folgend, ist die Hohe Wurzel mit dem in der Nähe gelegenen höchsten Gipfel von 608 Metern die nächste Etappe. Nun geht es weiter zum Chausseehaus, in dessen Nähe ein Wassertretbecken nach Sebastian Kneipp angelegt ist, und ins märchenhafte Weilburger Tal und von dort aus nach Frauenstein mit dem Goethestein, einem Obelisk, und dem erhaltenen Turm einer hochmittelalterlichen Ritterburg.

Zu den Waldwanderungen auf dem Rheinhöhenweg und in den Tälern wäre auch eine Fahrt mit der nostalgischen Dampflokomotive auf der denkmalgeschützten Aartalbahn zu empfehlen. Diese fuhr bis 2004 von ihrem kleinen

Bahnhof in Dotzheim durch die traumhaften Wälder und entlang der Aar bis nach Burg Hohenstein – vielleicht bald wieder, wie eigentlich geplant.

Empfehlenswert ist auch eine Schiffsfahrt auf dem Rhein. Vor den Toren Wiesbadens liegt das sagenumwobene Mittelrheintal, das 2002 zum UNES-CO-Weltkulturerbe ernannt worden ist, mit dem Loreley-Felsen und zahlreichen Burgen.

Kurhaus mit Bowling Green

Kochbrunnentempel mit Sinterstein

Opelbad und Griechische Kapelle

Nerobergbahn

Schläferskopf

Römertor

Weiher nahe vom Neroberg	Apothekergarten
Eigenes Foto	Eigenes Foto

Äskulapnatter

Wiesbaden zählt zum nördlichsten Lebensraum der seltensten Natter in Deutschland. Als Symbol der Ärzte und Apotheker ist sie dafür überall auf deren Praxistafeln und Ladenschildern abgebildet. Bei den Ärzten windet sie sich um den Stab des Äskulap, auch Asklepios, des griechischen Gottes der Heilkunst, nach dem sie ja benannt ist, und auf dem A der Apotheker schlängelt sie sich an der Schale der Hygieia empor, der Göttin der Gesundheit und Tochter des Äskulap, von deren Name die Bezeichnung Hygiene stammt.

Wiesbaden hat das Privileg, daß die Schlange der Heilkunde hier nicht nur auf Schildern vorkommt. Vom Rheingau über den Taunus bis ins Stadtgebiet haust sie in Trockenmauern, Baumhöhlen und Gartenverschlägen. Braun, grün oder gräulich geschuppt mit hellem Bauch und bis zu 2 Meter lang, ist sie die größte Schlange Deutschlands – für Menschen übrigens ungefährlich. Sobald es im Frühling warm wird, beendet sie ihre Winterruhe und nimmt erst mal ein ausgiebiges Sonnenbad, um sich wieder aufzuwärmen. Dann macht sie Jagd auf Eidechsen und Mäuse und gelangt auch zu den Nestern von Vögeln und anderen baumbewohnenden Tieren. Da sie über kein Gift verfügt, erwürgt sie größere Beute und verschlingt diese in einem. Darauf verzieht sie sich wieder für ein paar Tage zum Verdauen in ein Versteck.

Äskulapnattern leben zwar mehr im Mittelmeerraum, doch kommen sie auch in vier Gegenden Deutschlands vor, zur nördlichsten zählt Wiesbaden. Lange Zeit galt die These, die Römer hätten die Schlangen einst mitgebracht, um sie in ihren Gutshöfen und Thermen zu halten. Inzwischen haben Fossilienfunde gezeigt, daß sie während einer wärmeren Klimaphase vor etwa 7000 Jahren bis nach England und Dänemark verbreitet waren und, als es darauf wieder kälter wurde, nur in wenigen klimatisch günstigen Gegenden Mitteleuropas zurückblieben. Aber ob die Römer die Äskulapnattern mitbrachten oder sich freuten, sie hier bereits vorzufinden, sie wußten die Schlangen zu schätzen. Diese hielten die Heizungsschächte der Gutshöfe von Mäusen und Ratten frei. Bei den Thermen standen dem Gott Äskulap geweihte Tempel, in denen die als heilig geltenden Tiere ebenfalls ungestört herumkriechen durften.

Auch heute erfährt die Äskulapnatter Verehrung. In Wiesbadens Nachbargemeinde Schlangenbad leben sehr viele von ihnen. Behausungen wie Trockensteinmauern sind dort in hoher Zahl für sie angelegt. Sie kommen aber auch gerne mal in die Küchen von Wohnhäusern oder lassen sich in Briefkästen finden. Für die Schlangenbader ist das in Ordnung. Schließlich bezieht sich der Name Schlangenbad auf die Äskulapnatter, die auch im Gemeindewappen mit Krone über Wellen der warmen Wasser abgebildet ist. Einer Sage nach werden die Heilquellen nur so lange sprudeln, wie die Äskulapnatter in der Umgebung ihre natürliche Heimat hat.

Luchse

Der Rheingau-Taunus-Kreis zählt zu den wenigen Regionen in Deutschland, in denen Luchse offenbar wieder heimisch geworden sind, oder zumindest besteht die Tendenz dahin.

Vor rund 180 Jahren in Deutschland ausgerottet, wurden Luchse 1970 im Bayerischen Wald und 2000 im Harz wieder angesiedelt. Von dort aus verbreiteten sie sich nach Nordhessen.

Zwischen 2010 und 2012 häuften sich Luchsmeldungen im Rheingau und im Wiesbadener Stadtwald, so auf der Platte, zwischen Eishaus und Alt-Klarenthal und im Goldsteintal. Dem Luchsbericht 2016 zufolge gab es keine neuen Luchsmeldungen in der Region. Vielleicht waren die Luchse weitergewandert oder zurückgewandert. Auch aus Nordhessen waren manche Luchse in den Harz zurückgekehrt. Im Sommer 2017 wurden wieder Luchse in der Region gemeldet. Am Rand des östlichen Wiesbadener Vorortes Igstadt hat ein Tierfreund mehrmals Luchsrufe gehört und aufgezeichnet. Der nächste Wald ist zwar etwas entfernt, doch wird der Luchs Rehen auf die Felder und Streuobstwiesen gefolgt sein, wie Gerd Bauer, der Luchsbeauftragte für Wiesbaden und den Rheingau-Taunus, sagte. Im Wald bei dem Dörfchen Hilgenroth wurde in jenem Sommer öfters mal ein Luchs beobachtet und rufen gehört. Auch an der Aar und an der Wisper sowie bei Bärstadt ließen sich Luchse blicken. Im Wiedbachtal bei Bad Schwalbach begegnete eine Jägerin beim Spaziergang einer Luchsfamilie. Und in der Nähe des Heidenroder Ortsteils Nauroth beobachtete ein Spaziergänger eine Luchsin mit ihren drei Jungen, wie sie eine Straße überquerten; das kleinste davon war noch so unbeholfen, daß die Mutter es mit der Nase vor sich her schubste.

Aktuell wurden Luchse im Rheingau-Taunus-Kreis mit Fotos von Wild-tierkameras bestätigt. Das ist sehr erfreulich. Luchse verleihen durch ihre Anwesenheit dem Wald etwas Urtümliches und Märchenhaftes.

Auch Wölfe wurden aktuell im Rheingau-Taunus-Kreis mehrfach gesich-tet. Dazugesellen sollen sich Bären und Wisente. Am besten würden die meisten Autobahnen eingerollt werden, damit wieder zusammenhängende Urwälder entstehen. Immerhin gibt es einen solchen in der Nähe. Unweit von Wiesbaden liegt zwischen Schlangenbad und dem Wispertal der Hinterlandswald, eines der größten zusammenhängenden Waldgebiete Deutschlands. Ein Teil davon ist mit 1080 Hektar das größte sich selbst überlassene Waldgebiet in Hessen.

Bei einem neuen Projekt von 2016 bis 2021 wurden 20 Luchse aus der Schweiz und den slowakischen Karpaten im Pfälzer Wald ausgewildert. Weitere Projekte sind geplant, so in Baden-Württemberg und in Sachsen. Wichtig, um Isolation und Inzucht zu vermeiden, ist die Vernetzung der Luchsgebiete. Deshalb sollen zur Verbindung von Harz und Bayerischem Wald 20 Luchse im Thüringer Wald ab 2024 ausgesetzt werden.

Schöne Tiere

Helgoland

Einzigartige Insel in der Nordsee

Grün ist das Land,
Rot ist die Kant,
Weiß ist der Sand,
Das sind die Farben
Von Helgoland.

In der Deutschen Bucht mitten in der Nordsee liegt Helgoland, die einzige Hochseeinsel Deutschlands. Das Nordseeheilbad ist der jod- und sauerstoffreichste Ort Deutschlands mit der saubersten Luft. Zu Unrecht als `Fuselfelsen´ verschrien, bietet Helgoland eine grandiose Naturkulisse, die sehr vielseitig ist. Interessant sind auch Kultur und Geschichte der Insel.

Eigentlich sind es zwei Inseln: Die Hauptinsel mit ihren markanten Buntsandsteinfelsen, die aus dem Oberland, dem Unterland und dem Mittelland besteht, und die bis zur Sturmflut 1721 durch einen natürlichen Damm angeschlossene Nebeninsel mit ihren Dünen und Stränden.

Auf einer Landfläche von 1 km², welche die Hauptinsel mißt, leben etwa 1500 Einwohner und die Feriengäste. In der Saison kommen täglich in den Nachmittagsstunden ein paar Tausend Tagesgäste von den Seebäderschiffen hinzu, viele davon wegen des Duty-free-Angebots mit Spirituosen, Tabakwaren und Parfüm. Auf der 0,7 km² messenden Düne sind die Feriengäste in den beiden Bungalowdörfern und auf dem Campingplatz unter sich. Die Inseln sind bis auf die Fahrzeuge des öffentlichen Dienstes Kfz-frei.

Am 10. August 1890 tauschte Kaiser Wilhelm II. die Insel gegen die Hoheitsrechte auf Sansibar mit der britischen Regierung. Die Helgoländer, deren Insel vor ihrer britischen Zeit auch schon zu Dänemark gehörte, haben sich ihre eigene Sprache und Traditionen bewahrt.

„Welkoam iip Lunn!" steht über der Hafeneinfahrt geschrieben – „Willkommen an Land!"

Zur Zeit der Seeblockade Napoleons, die den Briten den Handel mit dem europäischen Festland zunichte machen sollte, wurde aus der Insel ein Umschlagplatz für Schmuggelware, von der die Inselbevölkerung profitierte. 1826 wurde das Seebad ausgerufen. Die Insulaner hatten den Ruf, zu machen, was sie wollen. Steuern zahlten sie keine. Der Wiener Freiherr von Andrian-Werburg nannte Helgoland 1846 „Das vielleicht am wenigsten regierte Land der Welt". Alle sind hier frei und gleich. In der naturromantischen und feierfreudigen Gesellschaft galten keine Standesgrenzen.

Auf Helgoland verweilten viele berühmte Dichter, Schriftsteller, Maler und Komponisten, die hier Inspiration für ihr Schaffen fanden. Hier schrieb Heinrich Hoffmann von Fallersleben `Das Lied der Deutschen´ – ursprünglich ein Trinklied für die feucht-fröhlichen Gesellschaftsabende auf der Insel – ließ Anton Bruckner sich zu seinem Werk `Helgoland´ inspirieren, lebte und wirkte James Krüss, verweilten Heinrich Heine, Georg Christoph Lichtenberg, Franz Kafka, August Strindberg, Christian Morgenstern, Heinrich von Kleist, Franz Liszt und viele weitere namhafte Künstler. Und dem berühmten Physiker Werner Heisenberg gelang hier der Durchbruch zur Quantenmechanik.

Johann Wolfgang von Goethe schrieb am 24. Oktober 1827 über Helgoland:

„Vom Westen kommt mir zugleich eine Beschreibung der Insel Helgoland mit den schönen Belegen unorganischer und organischer Natur konsolidierter Werte des Urlebens und noch ganz frischer Beweise des Fortlebens und Wirkens des ewigen Weltgeistes."

Schon in der Antike war Helgoland den Griechen und Römern bekannt.
Pytheas, hellenischer Astronom, Mathematiker und Geograph, unternahm 330 v. Chr. von der Kolonie Massalia (Marseille) aus eine Forschungsreise nach Britannien, Thule und bis in die Ostsee. Während seiner Seereise kam er auch in die Deutsche Bucht und nach Helgoland, das er als Abalon (keltischer Name Helgolands) in seinem Reisebericht erwähnte und erstmals die Kunde davon in den griechisch-römischen Kulturraum brachte.
Auch Tacitus, römischer Historiker, schreibt 98 n. Chr. in seiner `Germania´ über Helgoland, das er einen „Heiligen Hain mitten im Meer" nennt, und erwähnt `Die Säulen des Herkules´, mit der er die zwei großen Klippen meinte, die Helgoland früher hatte.
Einer Sage nach soll Atlantis in der Nähe von Helgoland gelegen haben und 1200 v. Chr. im Meer versunken sein. Obwohl in 9,2 Kilometern nordöstlicher Entfernung Steinwälle, Siedlungsreste und Kupfer auf dem Meeresgrund gefunden wurden, gilt es nicht als bewiesen und bleibt ein Teil des Mythos, der Helgoland eine weitere Faszination beschert hat und zu einem seltenen Ort macht.

Selten ist auch ein Fund des sogenannten Helgoländer Achats, eines Feuersteins mit roter Fläche, schwarzem Hof und weißer Umgebung – es gibt auch Variationen – der weltweit nur hier vorkommt. Diese Feuersteine stammen von einem nahegelegenen unterseeischen Riff, das seit der Urzeit besteht, und werden auf der Insel zu beliebten Schmuckstücken verarbeitet.

Der Name Helgoland stammt aus der Frühzeit, als die Ur-Helgoländer Fosite, ihre Hauptgottheit, verehrten. Damals lag Helgoland noch trocken. Grünes Marschland befand sich um die Felsen. Dort feierten die frühen Bewohner dieser Gegend Feste und begruben ihre Häuptlinge. Sie nannten die Felsen Helgoland – Heiligland – das heilige Land.

Erst durch den ansteigenden Meeresspiegel wurde Helgoland allmählich zur Insel. In der Forschung besteht die Annahme, daß so in der Nordsee viele weitere Inseln entstanden, die erst noch miteinander und mit dem Festland verbunden waren und dann zum Teil versanken, als der Meeresspiegel weiter anstieg. Dies läßt den Atlantis-Mythos theoretisch möglich erscheinen. Auch, daß der hellenische Historiker Timaios Helgoland als Basileia – Königsinsel – bezeichnete, paßt dazu, denn so wurde Atlantis genannt.

Nach dem Ersten Weltkrieg wurde die während des Deutschen Kaiserreichs auf Helgoland errichtete Seefestung zurückgebaut. Im Dritten Reich wurde sie wieder ausgebaut. Geplant und im Bau begonnen war ein Kriegshafen mit Platz für die gesamte Deutsche Marine. Am 18. und 19. April 1945 warfen 1000 Flugzeuge der Royal Air Force 7000 Bomben über Helgoland ab und machten die Insel unbewohnbar. Die Mehrheit der Bevölkerung überlebte in den Luftschutzbunkern und wurde anschließend evakuiert. Auch nach Kriegsende wurde die Insel von der britischen Militärführung als strategisch riskanter Ort eingestuft. Am 18. April 1947 zündete die Royal Navy bei der Operation Big Bang 6700 Tonnen Sprengstoff auf Helgoland, um die militärischen Anlagen und Bunker zu zerstören. Mit einer kleinen Explosion zuvor wurden die Vögel verscheucht. Daß die Insel untergehen könnte, wurde hingenommen. Es war die größte nichtnukleare Sprengung in der Geschichte, die jedoch nicht das Ende bedeutete. Die Buntsandsteinfelsen in ihrer lockeren Konsistenz ließen die Druckwelle entweichen. Lediglich die Südspitze brach ab, und das Mittelland entstand. Hafenanlagen und Küstenschutzmauern blieben intakt. Als einziges Gebäude blieb der Flakturm stehen, der spätere Leuchtturm. Die Insel blieb weiterhin militärisches Sperrgebiet und Übungsziel für britische Bomber. Die umgesiedelte Bevölkerung startete mehrere politische Initiativen, um auf ihre Insel zurückkehren zu dürfen, die zuerst erfolglos blieben. 1950 protestierten die Studenten René Leudesdorff, Georg von Hatzfeld und der Gelehrte Hubertus zu Löwenstein aus Heidelberg, indem sie die Insel besetzten und neben deutscher und helgoländischer Flagge die der Europäischen Bewegung hißten. Sie wurden zwar weggeholt, lösten jedoch eine enorme Bewegung in der Bevölkerung und der Regierung zur Befreiung Helgolands aus. Am 1. März 1952 gab die britische Regierung Helgoland frei, und die zurückkehrenden Einheimischen begannen mit dem Wiederaufbau. Schon kurze Zeit später war Helgoland wieder Seebad.

Es ist schon irgendwie Ironie, daß die Briten durch ihre Bombenabwürfe auf Helgoland, das in seiner geologischen Beschaffenheit ohnehin näher mit der britannischen Küste verwandt ist, eine Hügellandschaft geschaffen haben, die wie eine Miniaturausgabe der schottischen Highlands anmutet. In diesen `Minihighlands´, wie ich sie nenne, auf dem Oberland leben dazu passend die knuffigen Galloway-Rinder, eine wetterrobuste Rasse aus Schottland.

Der Maulbeerbaum ist der einzige Baum, der die Bombardierung überlebt hat. Damals war er schon 150 Jahre alt. Obwohl nur der Stumpf stehen blieb, trieb er wieder neu aus und wuchs stattlich heran. Der Maulbeerbaum wird auch `Das Wunder von Helgoland´ genannt.

Heute liegen auf und um Helgoland samt der Düne einige Naturschutzgebiete und ein Vogelschutzgebiet. In den Felsen brüten Trottellummen, Baßtölpel und Dreizehenmöwen. Trotz der nicht schmeichelhaften Namen sind es allesamt muntere Vögel. Der Lummenfelsen ist der einzige Vogelfelsen Deutschlands. Sogar ein Albatros war schon zu Gast, dessen Heimat im Süden der Ozeane liegt. Auf Helgoland befinden sich ein Institut für Vogelforschung und die Meeresbiologische Anstalt.

In Helgolands felsiger Unterwasserwelt kommen rund 400 Algenarten vor und liegen ganze Felsengärten aus Blumentieren. Geheimnisvoll mutet der Laminaria-Wald an, der größte Braunalgen-Wald in der Deutschen Bucht. Die schönen Katzenhaie leben hier. Die gemächlichen und friedfertigen Riesenhaie (nach dem Walhai die zweitgrößte Fischart) bevorzugen eher die offenen Gewässer um Helgoland.

Das Klima auf Helgoland ist von besonderer Art. Durch die Lage am Golfstrom herrscht ein für Hochseeverhältnisse in der Nordsee mildes Klima auch im Winter vor. Im Herbst allerdings ist davon wenig zu spüren, weil dann Stürme über die Insel fegen. Der Seewind, der das ganze Jahr über weht, ist angenehm frisch und herb. Im Sommer ist es oft sonnig-warm.

Die beiden idyllischen Ortschaften auf dem Oberland und im Unterland bieten viele Ferienunterkünfte, zudem gibt es eine Jugendherberge. Neben den vielen Läden mit ihren Duty-free-Sortimenten gibt es auch exklusive Boutiquen mit Edelsteinen oder Luxuskleidern. Auch einige Künstlergalerien befinden sich hier. Es gibt ein Museum und ein Aquarium. Im Mittelland liegt die Paracelsus-Nordseeklinik. Viele Restaurants und Imbißbuden reihen sich aneinander. Auch ein Nachtleben gibt es auf der Insel. Mehrere Kneipen und eine Diskothek mit Kultstatus sind nachts geöffnet.

Auf der einen Kilometer nahen Düne, zu der eine Fähre pendelt, liegen drei schöne Strände. Nord- und Südstrand laden zum Baden ein, während die Aade als Steinstrand ihre eigenen Reize hat. Im Inneren der Düne liegen zwei Weiher, wo Enten leben. Es ist sehr idyllisch dort.

Besondere Attraktion und Wahrzeichen Helgolands ist die Lange Anna, ein vor der Steilküste freistehender Buntsandsteinfelsen im äußersten Nordwesten des Oberlandes. Sie hat übrigens einen Vetter, den Old Man of Hoy, vor der Steilküste der Orkney-Insel Hoy. Die Brutkolonien der Seevögel liegen daneben an den westlichen Klippen – also auf Helgoland, obgleich diese Seevogelarten auch auf den Orkneys leben. In dieser Gegend auf dem Oberland leben auch die Heidschnucken, wilde Schafe, die dort grasen und manchmal in schwindelerregender Höhe an den Klippen herumklettern. Am Ortsrand des Oberlandes liegt eine Kleingartenkolonie der Insulaner auf den Klippen. Hier gedeihen dank des milden Klimas auch manche mediterranen Pflanzenarten. Bekannt ist vor allem der einheimische Klippenkohl. Sanddornsträucher und Wegwarten wachsen an vielen Stellen der Insel in hoher Zahl.

Originell sind die vielen kleinen Pyramiden entlang des Klippenrandweges und die vielen Tafeln in den Gassen und auf den Plätzen mit Wissenswertem zu Natur, Geschichte und Kultur von Helgoland, dieses einzigartigen und faszinierenden Eilands mitten in der Nordsee.

Heiligland

Abalon

Seehunde

Galloways

Nordstrand

Weiher

Aade

Lange Anna

Eigene Fotos

116

Teil V

Astronomie

Mars-Schnecken und Tritons bizarre Geysire

Faszinierendes und Kurioses im Sonnensystem

Die Milchstraße ist eine Spiralgalaxie. Die Sterne bewegen sich um das Zentrum mit seinem supermassiven Schwarzen Loch, das sie durch seine Gravitation auf stabilen Bahnen hält. Unser Sonnensystem läuft auf einer äußeren Bahn zwischen zwei Spiralarmen – quasi im ruhigen Hinterhof. Der innere galaktische Bereich ist zu turbulent für die Entstehung und den Fortbestand organischen Lebens. Der äußere Bereich ist dazu auch ungünstig durch fehlende Stimulanz. Unsere Sonne ist in ihrer hohen Metallizität (Anteil von Elementen schwerer als Helium) eine Ausnahme und stammt von weiter innen her. Am Nachthimmel erscheint auf der Südhalbkugel das Zentrum und auf der Nordhalbkugel der äußere Rand der Milchstraße.

Als Andromedanebel im Sternbild Andromeda erscheint am Nachthimmel unsere Nachbarmilchstraße, auch sie eine Spiralgalaxie. Beide bewegen sich aufeinander zu und werden sich in einigen Milliarden Jahren zu einer elliptischen Galaxie vereinigen – einem galaktischen Friedhof.

Im Sternbild Orion befindet sich der Orionnebel, die nächstgelegene Sternenkrippe, von der viele der näheren Sterne stammen. Es gibt Altersstufen und Größenklassen von Sonnen: Unterzwerge, Zwerge, Unterriesen, Riesen, Überriesen und Hyperriesen. (Überzwerge fehlen noch.) Es gibt gelbe, rote und blaue Sonnen. Einige sind sehr heiß oder haben solche Durchmesser, daß sie, stünde eine von ihnen an der Stelle unserer Sonne, einen großen Teil der bekannten Zone unseres Sonnensystems verschlucken würden.

Die Sonne – Sol – ein gelber Zwergstern mittleren Alters, wandelt Wasserstoff in Helium um und versorgt die Erde durch die erzeugte Energie mit Licht und Wärme. Die geladenen Teilchen, die bei der Sonnenaktivität entstehen, bei Eruptionen herausgeschleudert werden und mit dem Sonnenwind zur Erde gelangen, werden vom Magnetfeld neutralisiert. An den Erdpolen ist es durchlässig, und in der Atmosphäre entstehen Polarlichter – in grün, wenn die Sonnenwindteilchen auf Sauerstoffmoleküle, in violett, wenn sie auf Stickstoffmoleküle treffen. Aurora borealis heißt das Naturphänomen im Nordpolarkreis und Aurora australis im Südpolarkreis.

Milchstraße, äußere Region

Die Andromeda-Galaxie

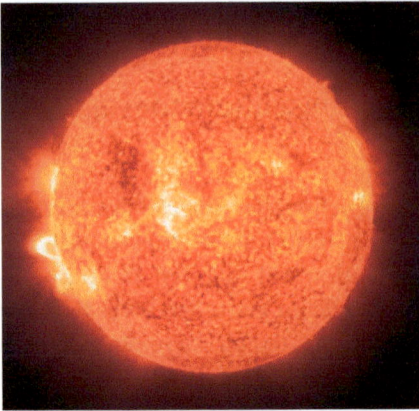

Die Sonne

Die Erde in Mondperspektive von Apollo 11

Polarlichter in Weltraumperspektive

Das Sternbild Orion

Merkur, der sonnennächste Planet, hat die erheblichsten Temperaturschwankungen im Sonnensystem. Während es auf der Tagseite über +400 °C heiß wird, ist es auf der Nachtseite bis zu −180 °C kalt. Neueren Forschungserkenntnissen zufolge ist er weiter entfernt in der Nähe der Erde entstanden und mit einem anderen sich bildenden Planeten kollidiert. Dadurch verlor er einen Großteil seines Gesteinsmantels, nur sein Metallkern mit einer dünnen Gesteinskruste blieb übrig, und wurde auf die sonnennahe Bahn gestoßen.

Venus, auch Schwesterplanet der Erde genannt, war in ihrer Frühzeit von einer sauerstoffreichen Atmosphäre umgeben und zum Teil von Wasser bedeckt. Als die Sonne heißer wurde, löste das einen fortschreitenden Treibhauseffekt aus, der das Wasser verdampfen ließ. Die Atmosphäre bestand bald fast nur noch aus Kohlendioxid. Schwefelsäurewolken verhüllten die Oberfläche, auf der es heißer als auf dem Merkur wurde, und ein Druck entstand, der einen Lastkraftwagen in Sekunden zerquetschen würde. Die Venus ist der rundeste Planet und dreht sich sehr langsam um sich selbst, mit 243 Tagen hat sie die langsamste Rotationszeit aller Planeten. Außerdem zieht sie ihre kreisförmigen Bahnen im Uhrzeigersinn um die Sonne, also in entgegengesetzter Richtung zu den meisten anderen in elliptischen Bahnen ziehenden Planeten. Auch Morgen- und Abendstern genannt, ist sie der hellste Planet am Nachthimmel.

Die Erde – Terra – ist der einzige lebensförderliche Planet dieser Art im Sonnensystem; auch Blauer Planet genannt, liegt sie in der habitablen Zone. Eingedenk der Dramatik, die ihre Nachbarplaneten traf, ist sie so wertvoll, daß sie von der Menschheit viel mehr geschätzt und geschützt werden sollte.
   Ihr Mond – Luna – bremst sie bei ihrer Rotation sanft ab, treibt die Gezeiten an und strahlt nächtens in zauberhaftem Glanz. Entstanden ist Luna wahrscheinlich bei der Kollision Terras mit der etwa halb so großen Theia, die sich auf derselben Umlaufbahn befand in der Frühzeit des Sonnensystems, als sich die Planeten und Monde formten. Durch den speziellen Aufprallwinkel – ein schräges Aufschrammen – der beiden Himmelskörper verschmolzen sie, und aus einem losgelösten Teil formte sich der Mond. Das erklärt, warum Mondgestein irdische Stoffe enthält. Daß sich die Mondrückseite mit ihrem zerklüfteten Hochland von der erdzugewandten Seite des Mondes mit ihren Tiefebenen so sehr unterscheidet, hat einer plausiblen These zufolge den Grund in der Frühgeschichte der Erde-Mond-Beziehung, als die noch sehr heiße Erde die eine Seite des damals viel

näheren Mondes stark erhitzt hatte. Denn der Mond ist der Erde immer mit derselben Seite zugewandt; so konnten sich nur auf der Mondrückseite andere Formen bilden. Unser Mond ist der fünftgrößte und einzige im Sonnensystem, der von seinem Mutterplaneten aus betrachtet, etwa gleichgroß wie die Sonne ist. Denn das Verhältnis zwischen Größe und Entfernung von Erde und Sonne ist gleich dem von Erde und Mond.

Mars, der Rote Planet, war in seiner Frühzeit zum Teil von Wasser bedeckt und hatte eine sauerstoffreiche Atmosphäre. Wegen seiner geringen Größe kühlte sein dynamischer Metallkern allmählich ab und sein Magnetfeld verschwand. Ohne diesen Schutz trug der Sonnenwind seine Atmosphäre ab, und das Wasser entwich in den Weltraum. Übrig blieb eine kalte Geröllwüste, deren rostrote Farbe von dem hohen Eisenoxidgehalt herrührt. Der Olympus Mons ist mit ca. 22.000 Metern der höchste Berg und Vulkan im Sonnensystem. In neuerer Zeit sind Lavaschnecken entdeckt worden, spiralförmige Muster in einem abgekühlten und erstarrten Lavastrom.

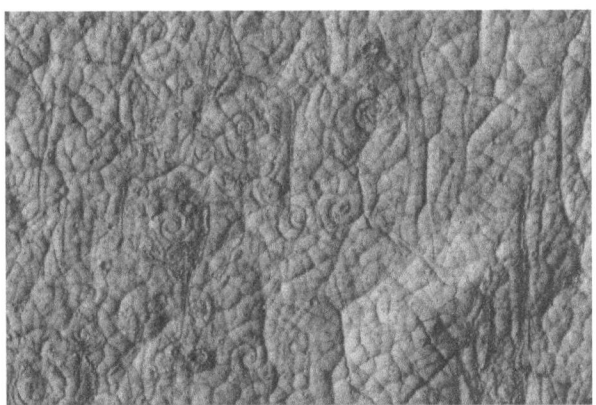

Zwei Minimonde ziehen ihre Bahnen um den Mars: Deimos und Phobos. Während sich Phobos dem Mars allmählich nähert und in etwa 50 Millionen Jahren auftreffen wird, entfernt sich Deimos allmählich und wird die Umlaufbahn des Mars irgendwann verlassen. Vielleicht will er zu den Asteroiden, die sich im Asteroidengürtel zwischen Mars und Jupiter tummeln.

Ceres ist der größte Himmelskörper im Asteroidengürtel. Auch sie bot einst die Entstehung von Leben begünstigende Bedingungen. Weil sie eine höhere Schwerkraft besitzt, hat sie als einzige dort eine runde Form und wurde zum Zwergplanet ernannt. Nach ihrer Entdeckung 1801 hatte sie sogar Planetenstatus, der ihr aber aberkannt wurde, als 1850 viele weitere Himmelskörper in der Region zwischen Mars und Jupiter entdeckt wurden, davon viele kleine Asteroiden in ihrer unmittelbaren Umgebung. Ein Kriterium für die Einstufung als Planet ist, daß ein solcher den Bereich um sich von Asteroiden und Gesteinsbrocken freigeräumt hat. Monde darf er haben.

Jupiter ist mit dem elffachen Durchmesser der Erde der größte Planet im Sonnensystem. Schon der Große Rote Fleck, ein Wirbelsturm, der seit Jahrhunderten in seiner oberen Gasschicht tobt, hat den zweifachen Durchmesser der Erde. Zusammen mit den anderen Riesenplaneten hat Jupiter eine Schutzfunktion für das innere Sonnensystem, indem er aus dem äußeren Bereich driftende Asteroiden und Kometen durch seine immense Schwerkraft zum Teil einfängt, mit der er zudem den Asteroidengürtel stabil hält. Jupiter hat ein zartes Ringsystem. Die vier größten seiner 95 Monde werden nach ihrem Entdecker Galileo Galilei auch Galileische Monde genannt: Ganymed, Kallisto, Io und Europa. Mit einem Fernglas sind sie zusammen mit Jupiter, dem zweithellsten Planeten am Nachthimmel, zu beobachten.
Ganymed ist der größte Mond im Sonnensystem und größer als der Planet Merkur. Er hat eine dünne Sauerstoffatmosphäre und als einziger Mond ein Magnetfeld. Kallisto ist der Mond mit den meisten Kratern; inzwischen verschwindet bei jedem neuen Einschlag ein bestehender Krater. Bei beiden wird unter der Eisschicht ein Ozean vermutet. Io ist der aktivste Mond. Die zahlreichen Vulkane auf ihr brechen fast ständig aus, weil ihre Umlaufbahn so nahe an Jupiter verläuft, daß die Reibungskräfte dauernd auf sie einwirken. Europa ist der bekannteste Eismond. Unter ihrer mehrere Kilometer dicken Eisschicht befindet sich ein Ozean, der ihren Kern komplett umgibt und dessen Tiefe auf 100.000 Meter geschätzt wird. Zum Vergleich: Die tiefste unterseeische Region auf der Erde ist der Marianengraben im Pazifik mit ca. 11.000 Metern. Mikroorganismen wie in der irdischen Tiefsee könnten auf Europa existieren. Heiße Schlote könnten sich am Grund des Ozeans befinden, weil ihr Kern durch die Gravitation Jupiters geologisch aktiv ist. Durch die Gezeitenkräfte preßt sich Wasser durch Ritze und Spalten in der Eisschicht nach oben. So entstehen am Südpol Europas gewaltige Wasserdampffontänen, die bis zu 200 Kilometer hoch sind.

Saturn mit seinen gigantischen Ringen ist im Verhältnis zu seiner Größe durch seine geringere Dichte der leichteste Planet im Sonnensystem. Auf einer Wasserfläche, die ausgedehnt genug wäre, würde er treiben. In seinen Gasschichten herrschen bizarre Wetterverhältnisse – Blitze, zehntausendmal stärker als auf der Erde, ein Druck, achtzigmal so hoch wie in der irdischen Tiefsee, der Graphitregen in Diamanten verwandelt, die dort jedoch nicht lange bestehen. In Saturns Nordpolarregion hat ein immenser Windkanal in Form eines Hexagons den vierfachen Durchmesser der Erde. Über seinen Polarregionen tanzen blaue Polarlichter.

Titan, sein größter Mond und der zweitgrößte im Sonnensystem, besitzt als einziger eine Atmosphäre, die mit der der Erde vergleichbar ist. Er hat Meere, Seen und Flüsse aus Methan, das auch von seinen Wolken herabregnet. Auch dort werden einfache Lebensformen vermutet. Enceladus ist mit einer Albedo von 0.99 (99 % des einfallenden Sonnenlichtes werden reflektiert) der hellste Himmelskörper nach der Sonne, weil seine Eisschicht das Sonnenlicht am stärksten reflektiert. Er hat eine Atmosphäre und einen Ozean. Durch die Hitze in seinem geologisch aktiven Gesteinskern schießen Fontänen aus einem Gemisch aus Wasser und Staub durch Spalten in der Eisschicht an seiner Südpolarregion aus seinem Orbit und speisen einen der äußeren Ringe Saturns. Auch innerhalb der Ringe, die teils nur zehn Meter dick sind und aus Eispartikeln und Gesteinsbrocken vermutlich eines geborstenen Mondes bestehen, halten sich Monde auf – sogenannte Schäfermonde oder Propellermonde. Einer von ihnen ist der walnußförmige Minimond Pan, der auf seiner Umlaufbahn durch die Ringpartikel um ihn wandert, indem er sie durch seine Schwerkraft verdrängt. Die größeren Monde ziehen ihre Bahnen außerhalb des Ringsystems. Iapetus hat eine hellgraue und eine schwarze Seite, die vermutlich von kohleartiger Materie des äußersten, in entgegengesetzter Richtung laufenden, Ringes stammt und vermutlich von der ebenfalls gegenläufigen Phoebe ausgestoßen wurde. Mimas hat einen Krater, der ca. 10 % seiner Oberfläche einnimmt, und ähnelt damit dem Todesstern aus `Star Wars´, weshalb Astronomen das erste Sonden-Foto von ihm zunächst für einen Scherz hielten. Auch Saturns Gemahlin Rhea zieht ihre Bahnen um ihn, von dem 146 Monde bekannt sind.

Uranus, der Eisriese in blassem Grün, ist der einzige Planet im Sonnensystem, der auf die Seite gedreht ist. Grund dafür ist vermutlich eine Kollision von gewaltigem Ausmaß mit einem anderen Himmelskörper in der Frühzeit seiner Entstehung. Sein Ringsystem verläuft daher vertikal wie sein

Äquator, und seine Polkappen liegen demgemäß horizontal. Uranus hat als drittgrößter Planet eine geringere Masse als Neptun, der viertgrößte Planet. Die Bahnen der beiden verliefen einst weiter innen; durch die Schwerkraft Jupiters und Saturns wurden sie nach außen gedrängt und wechselten die Reihenfolge. 27 Monde ziehen ihre Bahnen um Uranus, der so wie Neptun in neuerer Zeit wegen der chemischen Zusammensetzung der mittleren Zone als Eisriese deklariert ist; die äußeren Schichten sind gasförmig.

Titania und Oberon sind seine beiden größten Monde. Unter ihren Eisschichten werden Ozeane vermutet. Ariel ist mit einer erdähnlichen Albedo von 0.39 der hellste Mond des Uranus. Miranda ist von Canyons durchzogen, die bis zu 20.000 Meter tief sind, manche Klippen sind dagegen bis zu 20.000 Meter hoch. Keiner der anderen bekannten Himmelskörper weist eine solch differenzierte Oberflächenstruktur auf.

Neptun ist von blauer Farbe, die vom Methangehalt seiner Gasschichten herrührt. Die schnellsten Stürme im Sonnensystem mit bis zu zweifacher Schallgeschwindigkeit fegen über ihn. Neptun ist von einem zarten Ringsystem umgeben, während 14 Monde ihre Bahnen um ihn ziehen.

Triton ist der siebtgrößte Mond im Sonnensystem. Unter seiner Eisschicht wird ein Ozean vermutet. Auf Triton kommen Geysire vor, deren Fontänen aus flüssigem Stickstoff bestehen und zuweilen durch Strömungen in seiner dünnen Atmosphäre ab einer Höhe von 15 Kilometern im rechten Winkel abknicken; sie gefrieren und rieseln als Stickstoffschnee herab. −237,6 °C auf Triton ist die niedrigste jemals direkt von einer Sonde gemessene Temperatur im Sonnensystem. Triton ist der einzige der größeren Monde, der seine Bahn retrograd, also in entgegengesetzter Richtung zur Drehbewegung seines Planeten, zieht. Grund dafür ist vermutlich, daß er einst selbst als Planetoid seine Bahnen zog und ins Gravitationsfeld von Neptun geriet. Nereide hat die exzentrischste Umlaufbahn von allen bekannten Monden im Sonnensystem. Auf ihrer extrem elliptischen Bahn entfernt sie sich von Neptun auf bis zu 9.623.700 Kilometer und nähert sich ihm bis auf 1.353.600 Kilometer. Zudem kommt sie zwischendurch auch Triton relativ nahe. Sie hat eine Umlaufzeit von ca. 360 Tagen. Die Umlaufbahn von Najade ist fast kreisrund und verläuft näher an Neptuns äußerer Gasschicht als sich sein Kern von dieser befindet. In geringer Entfernung zu seiner Wolkendecke hat sie mit ca. 7 Stunden die kürzeste Umlaufzeit von allen Planetenmonden im Sonnensystem. Zusammen mit Thalassa, die ihr sehr ähnlich ist, bewegt sie sich zwischen den beiden innersten Ringen Neptuns.

Pluto galt als der neunte Planet im Sonnensystem. Dieser Status wurde ihm jedoch von der Internationalen Astronomischen Union (IAU) im Sommer 2006 aberkannt, was viele für inakzeptabel halten. Ironischerweise hatte die NASA erst im Frühling 2006 die Raumsonde New Horizons zur Erforschung Plutos entsandt. Der Grund der Herabstufung war die Entdeckung des zehnten Planeten im Sonnensystem, dessen Existenz schon seit Jahrzehnten vermutet und der damals vorläufig Transpluto genannt wurde. Als er im Herbst 2003 schließlich entdeckt wurde – auch ein Gesteinsplanet, fast so groß wie Pluto – bekam er inoffiziell den Namen Xena. Erst 2005 galt die Entdeckung als gesichert. Zu dieser Zeit wurden in ihrer Nähe weitere Planeten, die etwas kleiner sind, entdeckt. Diese 4,5 bis 7,5 Milliarden Kilometer von der Sonne entfernte Zone heißt Kuipergürtel und ist der zweite große Asteroidengürtel im Sonnensystem. Seine Ausdehnung gleicht in etwa der Distanz zwischen Plutos Perihel und Aphel (sonnennächster und sonnenfernster Bahnpunkt). Aber anstatt die Liste der Planeten zu erweitern, wurde Pluto wie die neu entdeckten Planeten als Zwergplanet eingestuft.

Und Xena? Wurde dann Eris genannt, nach der Göttin der Zwietracht. Weitere Zwergplaneten im Kuipergürtel, die als Trostpflaster für Pluto auch Plutoiden genannt werden, sind Sedna, Quaoar, Haumea, Makemake und Salacia. Außer Sedna haben sie auch Monde. Inzwischen wurde auf den meisten Zwergplaneten Wasser entdeckt, das auf Ozeane unter den Oberflächen schließen läßt. Tausende weiterer Zwergplaneten sollen sich im äußeren Sonnensystem befinden.

Nach etwa neunjähriger Reise im Schlafmodus kam die New Horizons im Herbst 2015 bei Pluto an und schickte spektakuläre Bilder von seiner Atmosphäre, Wassereisgebirgen und der herzförmigen Region auf seiner Südhalbkugel zur Erde. Pluto schmollt also nicht. Die Meßdaten lassen auf einen Ozean unter der Oberfläche, den der Kern sanft erwärmt, schließen.

Charon, der größte seiner 5 Monde, ist etwa halb so groß wie Pluto selbst. Sie bilden ein Doppelsystem, weil beide aufgrund ihres Schwerkraftverhältnisses ihre Bahnen um einen gemeinsamen Schwerpunkt ziehen. Einer der kleineren Monde sollte Nyx genannt werden, nach der Göttin der Nacht, jedoch wurde bemerkt, daß bereits ein Asteroid im vorderen Asteroidengürtel so heißt. Der Mond wurde dann Nix genannt und behauptet, es sei nur eine andere Schreibweise, dabei ist ein Nix ein Wassergeist.

Die Bilder auf der nächsten Seite sind vom Space-Art-Künstler und ehemaligen NASA-Mitarbeiter David A. Hardy.

Eruption auf Io mit Jupiter

Geysir auf Triton mit Neptun und der Sonne

Miranda mit Uranus

Mars
  Foto des Weltraum-
  teleskops Hubble

Pluto
  Foto der Raumsonde
  New Horizons

Titan mit Saturn

Merkur mit der Sonne

Venus mit der Sonne

Weit jenseits des Kuipergürtels wird in neuerer Zeit ein Planet vermutet, der Planet 9 genannt wird. Auf seine Spur führte die Feststellung, daß Sedna und einige andere sogenannte transneptunische Objekte im Kuipergürtel, die extrem exzentrische Umlaufbahnen aufweisen – Sednas elliptische Umlaufbahn reicht weit in die äußere Zone des Sonnensystems – auf ihren Bahnen einer jeweils gleichen Schwankung ausgesetzt sind, die nur durch den gravitativen Einfluß eines großen Himmelskörpers erzeugt werden könne, der sich noch weiter draußen im Sonnensystem befindet. Allerdings ist dieser schwieriger zu entdecken als weit entfernte Galaxien, denn der gesuchte Planet, zu dem nur wenig Sonnenlicht gelangt und der selbst nur schwach reflektiert, ist zwischen dem Funkeln der Galaxien und der Sterne unserer Milchstraße verborgen.

Das Sonnensystem endet dort noch nicht. Die Heliosphäre – die Astrosphäre der Sonne – reicht bis in eine Entfernung von 18 Milliarden Kilometern, so weit gelangt der Sonnenwind mit seinen geladenen Teilchen. Ohne diesen Schutz wäre kein Leben auf der Erde möglich, denn der Sonnenwind trifft dort draußen auf die Kosmische Strahlung des Interstellaren Raumes, die für Organismen tödlich ist, und verhindert ihr Eindringen ins Sonnensystem, indem er sie größtenteils verdrängt. In dieser Zone beginnt die Heliohülle, in der das Magnetfeld der Sonne Blasen bildet mit einem Durchmesser von ca. 1 Astronomischen Einheit (1 AE = Entfernung der Erde zur Sonne von 150 Mio. km), von denen die Sonnenwindteilchen aufgenommen werden; Tausende davon umgeben das Sonnensystem wie ein Ball. Auch dies hat wahrscheinlich eine Schutzfunktion. Äußerste Grenze ist die Heliopause. Die Gravitation der Sonne reicht darüber hinaus bis weit in den Interstellaren Raum.

Noch im Gravitationsbereich der Sonne befindet sich die als höchstwahrscheinlich vermutete Oortsche Wolke, ein Nebel aus Staub-, Gesteins- und Eiskörpern unterschiedlicher Größe, die in der Entstehungszeit des Sonnensystems übrig geblieben und von den aufräumenden Gasriesen dorthin geschleudert worden sind. Die Oortsche Wolke befindet sich in einer Entfernung zur Sonne von 1,6 Lichtjahren (1 Lj = 9.461.000.000.000 km) und umgibt das scheibenförmig strukturierte Sonnensystem wie eine Kugel. Langperiodische Kometen haben dort ihren Ursprung; ihre Bahnen sind im Unterschied zu den kurzperiodischen Kometen aus dem Kuipergürtel, die sich auf der scheibenförmigen Ebene bewegen, kaum einschätzbar.

Am äußersten Rand des Sonnensystems wird ein zweiter Stern vermutet, der ursächlich dafür ist, daß Kometen die Oortsche Wolke verlassen und in Richtung Sonne rasen. In einer Entfernung von ca. 1-3 Lichtjahren zieht Nemesis, vom Sternentyp Brauner Zwerg, ihre Bahn im äußersten Gravitationsbereich der Sonne um diese. Braune Zwerge sind kleine Sterne (eigentlich Fast-Sterne), die in ihrer frühen Entwicklungsphase Störungen ausgesetzt waren, so daß sie nicht genug Masse bilden konnten zur Wasserstofffusion. Zur Deuteriumfusion reicht es dafür schon. Nemesis soll dort draußen quasi als böse kleine Schwester der Sonne ihr Unwesen treiben und in periodischen Abständen von 27 Millionen Jahren, wenn sie ihren sonnennächsten Bahnabschnitt in der Oortschen Wolke erreicht, Kometen von dort zur Erde jagen, was schon mehrere Phasen des Massenaussterbens in der Erdgeschichte, so auch das Aussterben der Dinosaurier, zur Folge gehabt hätte. Dabei ist zu bedenken, daß die Arten von heute, einschließlich des Menschen, ohne diese Phasen nicht hätten entstehen können. Also hätte Nemesis eine regulierende Funktion. Vielleicht kommt sie ja bald wieder.

Es ist nicht ungewöhnlich, daß kleinere Sterne ihre Bahnen um größere ziehen. Etwa dreiviertel aller bekannten Sterne bilden Doppel- oder Mehrfachsternsysteme. Sind darin zwei oder mehr Sterne etwa gleich groß, bewegen sie sich um ein gemeinsames Schwerezentrum zwischen ihnen.

1977 wurden die beiden Raumsonden Voyager I und Voyager II entsandt. Voyager I hat 2012 als erstes von Menschen geschaffenes Objekt den Interstellaren Raum erreicht. 2019 ist auch Voyager II dort angekommen. An Bord von beiden befinden sich die 'Voyager Golden Records', Datenplatten mit Bild- und Tonaufnahmen. Die Position der Erde im Universum und der damalige wissenschaftliche Kenntnisstand sind darauf verzeichnet, Bilder von der Natur in ihrer Vielfalt und der Menschheit sowie Musik von Bach, Beethoven, Mozart und Chuck Berry sind darauf enthalten.

Ihre Missionen im Sonnensystem haben die beiden Sonden glanzvoll erfüllt. Sie haben Jupiter und Saturn, deren Ringsysteme und viele ihrer Monde, von denen sie auch mehrere neu entdeckten, von 1979 bis 1981 teilweise erforscht und dabei Fotos gemacht und Messungen von den Atmosphären und Magnetfeldern durchgeführt. Voyager II war als erste Raumsonde damals auch 1986 bei Uranus und 1989 bei Neptun und hat ihre Forschungen dort fortgesetzt.

Derzeit sammelt Voyager I Daten von der Heliohülle. Am 29. November 2017 hat die NASA einige Schubdüsen von Voyager I, erstmals seit sie im

November 1980 bei Saturn war, für kurze Impulse aktiviert, um eine Antenne besser zur Erde auszurichten. Einen Tag zuvor hatte die NASA die ebenfalls seit 37 Jahren nicht mehr verwendeten Triebwerke von Voyager II neu gezündet und damit die Steuerungsdüsen ersetzt, um die Ausrichtung der Sonde zu korrigieren. Das Ganze ist phänomenal, denn die ursprünglich geschätzte Funktionsdauer der beiden baugleichen Sonden sollte schon in den 1980er Jahren enden. Eine Reihe von technischen Schwierigkeiten unterschiedlicher Art konnte vom Personal der Kontrollstation durch hohen Aufwand behoben werden. Und die Software der Sonden wird weiterhin modifiziert. Allerdings sind nur noch einige ihrer Instrumente in Funktion und durch die stetige Abnahme der Energieversorgung auch diese nur noch bis 2023. Der Treibstoff reicht noch für etwa 40 Jahre. Am besten wäre es, sie würden gefunden werden von freundlichen Außerirdischen in ihrem Ufo. Denn selbst mit Ionenstrahltriebwerken (das Schnellste, was es derzeit gibt) bräuchten die Sonden bis zum nächsten Exoplaneten, Proxima Centauri b, des 4,2 Lichtjahre von der Sonne entfernten Roten Zwerges Proxima Centauri, der mit unserem Nachbarsonnensystem Alpha Centauri ein Dreifachsternsystem bildet, 6300 Jahre.

Solche Distanzen sind auch besser, denn was könnte generell mit einem anderen erdähnlichen Planeten geschehen, würde der Mensch ihn besiedeln?

Namen der griechisch/römischen Mythologie, die im Text vorkommen:

Andromeda	Tochter des Königspaares Kassiopeia und Kepheus, Gattin von Perseus
Orion	`Der Himmelsjäger´, Jäger göttlicher Herkunft
Aurora borealis	Eos/Aurora, die Göttin der Morgenröte, und ihr Sohn Boreas, Personifikation des winterlichen Nordwindes
Aurora australis	Aurora ist der wissenschaftliche Name des Polarlichtes, australis (lat.) = des Südens
Theia	Titanin, Mutter der Selene/Luna
Nyx/Nox	Göttin der Nacht, Mutter der Nemesis
Nemesis	Göttin des gerechten Zorns, der Vergeltung

Die Planeten und Monde im Sonnensystem sind nach Gottheiten und Personen der griechisch/römischen Mythologie benannt. Dabei tragen zumeist die Planeten die römischen und die Monde die griechischen Namen. Ausnahmen sind die Monde des Uranus, die mehrheitlich nach Figuren von William Shakespeare benannt sind, und die Zwergplaneten im Kuipergürtel.

Die gültigen Namen sind farbig, davon die griechischen blau, die römischen grün. Bei den Monden stehen die Anfangsbuchstaben ihrer Planeten.

Sol	Helios	Sonne	Sonnengott
Merkur	Hermes		Gott des Handels
Venus	Aphrodite		Göttin der Liebe
Terra	Gaia	Erde	Urgöttin der Erde, Gattin von Uranos
Mars	Ares		Gott des Krieges und der Vegetation
Jupiter	Zeus		Oberster Gott
Saturn	Kronos		Oberster Titan, Vater von Zeus
Uranus	Uranos		Urgott des Himmels, Vater von Kronos
Neptun	Poseidon		Gott des Meeres, Bruder von Zeus
Pluto	Pluton/Hades		Gott der Unterwelt, Bruder von Zeus
Luna	Selene	Mond	Mondgöttin
	Deimos (M)		Sohn und Begleiter von Ares
	Phobos (M)		Sohn und Begleiter von Ares
Ceres	Demeter		Göttin der Felder, Schwester von Zeus
	Ganymed (J)		Mundschenk und Geliebter von Zeus
	Kallisto (J)		Nymphe und Geliebte von Zeus
	Io (J)		Königstochter und Geliebte von Zeus
	Europa (J)		Königstochter und Geliebte von Zeus
	Titan (S)		Titanen, Vorgöttergeschlecht
Ops	Rhea (S)		Titanin, Gattin von Kronos
Iapetus (S)	Iapetos		Titan
Enceladus (S)	Enkelados		Gigant, Geschwisterfamilie der Titanen
	Mimas (S)		Gigant
Phoebe (S)	Phoibe		Titanin
Faunus	Pan (S)		Gott des Waldes und der Natur
		Titania (U)	Elfenkönigin
		Oberon (U)	Elfenkönig, Gemahl Titanias
		Ariel (U)	Luftgeist
		Miranda (U)	Magierstochter
	Triton (N)		Meeresgott, Sohn von Poseidon
	Nereide (N)		Nereiden, Meeresnymphen in Küstennähe
	Najade (N)		Najaden, Fluß- und Quellnymphen
	Thalassa (N)		Urgöttin, Personifikation des Meeres
	Charon (P)		Fährmann zur Unterwelt
		Nix (P)	Germanischer Wassergeist
	Eris		Göttin der Zwietracht
Salacia	Amphitrite		Titanin der Meere, Gattin von Poseidon
		Sedna	Inuit-Göttin des Meeres
		Quaoar	Schöpfungsgottheit der Tongva-Indianer
		Haumea	Hawaiianische Göttin der Fruchtbarkeit
		Makemake	Schöpfungsgottheit der Osterinselkultur

Exomonde, Weiße Löcher und Andromedas Zentrum

Mitte der 1990er Jahre wurden erstmals Planeten außerhalb unseres Sonnensystems entdeckt. Seitdem wurden ca. 5000 Exoplaneten registriert; es werden beständig mehr. Ein Ziel dabei ist es, erdähnliche Planeten zu finden, die lebensförderliche Bedingungen aufweisen. Allerdings sind diese in einem Sonnensystem so komplex, daß sie sehr selten vorkommen und bisher nicht entdeckt wurden.

Entdeckt werden Exoplaneten zumeist bei ihrem Transit, wenn sie sich auf ihrer Umlaufbahn vor ihrer Sonne im Teleskop zeigen und dabei eine Regelmäßigkeit festgestellt werden kann, aus der sich die Umlaufdauer ergibt. Es gibt diverse Methoden. Auch Größe und Abstand sind meßbar.

In neuerer Zeit wird auch nach Monden in fernen Sonnensystemen Ausschau gehalten. Exomonde sind schwieriger zu entdecken. Im Teleskop muß sich vor seinem Stern der Planet mit seinem Mond absetzen; dieser muß sich auf seiner Bahn neben dem Planeten befinden, um vor dem Licht des Sterns erkannt werden zu können. Es gibt auch noch andere Methoden.

Die Wahrscheinlichkeit, auf extrasolaren Monden lebensförderliche Bedingungen vorzufinden, wird besonders in der US-amerikanischen Astronomie höher eingeschätzt als im Vergleich dazu auf extrasolaren Planeten. Denn in unserem Sonnensystem ist die Erde der einzige Planet, für den diese Voraussetzungen erfüllt sind, während einige Monde lebensförderliche Bedingungen aufweisen. Besonders auf dem Jupitermond Europa und dem Saturnmond Enceladus begünstigen einige Faktoren, wie der aktuell erfolgte Nachweis von Phosphor als seltenem Lebensgrundstoff, diese Annahme. Kilometerdicke Eisschichten schützen sie vor harter Strahlung aus dem Weltraum. Darunter befinden sich tiefe Ozeane, in denen durch die gezeitenbedingte Reibung in Wechselwirkung mit ihren Planeten moderate Temperaturen bestehen. Diese Monde sind geologisch aktiv, was Aufnahmen von Wasserfontänen bestätigen, die aus dem Mondinneren durch Spalten in der Eisschicht aufsteigen und weit über den Orbit hinausschießen. Auch in der irdischen Tiefsee gibt es Zonen, in denen bakterielles Leben ohne Sonnenlicht und Sauerstoff existiert, was auch experimentell bestätigt wurde. Es liefen sogar schon Testvorbereitungen, den Ozean auf Europa mit Roboter-U-Booten zu erforschen. Auch auf weiteren Monden und Zwergplaneten im Sonnensystem läßt der Nachweis von Wasser auf Ozeane unter der Oberfläche schließen. So ist also auch die Suche nach Exomonden verheißungsvoll.

In neuerer Zeit wurden in einigen Galaxien heftige Gammastrahlenblitze registriert. Bekannt waren solche Ausbrüche bisher nur von Supernovae und kollidierenden Neutronensternen, was sich anschließend in deren Umgebung durch die Überreste abzeichnet. Bei den neuen Entdeckungen dagegen war die Umgebung unverändert. <u>Weiße</u> Löcher sollen einer plausiblen Hypothese zufolge ursächlich dafür sein. Ähnlich wie Schwarze Löcher sind jene die konzentrierte ultimative Verdichtung. Ein Schwarzes Loch ist nur durch die Ansammlung von Gas oder Sternen in seiner Nähe erkennbar. Licht und Materie werden von ihm absorbiert, verschwinden darin, sobald sie den Ereignishorizont überquert haben. Ein Wiederherauskommen auf dem gleichen Weg ist unmöglich. Ein Weißes Loch funktioniert umgekehrt, aus ihm strömen Licht und Materie heraus. Ein Hineingelangen auf dem gleichen Weg ist unmöglich.

Es besteht die schlußfolgerische Hypothese, daß ein Schwarzes Loch am Ende seiner Entwicklung zu einem Weißen Loch wird. Wenn sich alles, das es aufgenommen hat, irgendwann zu einem Punkt maximaler Dichte konzentriert hat, kollabiert das Schwarze Loch. Ein Umkehrprozeß setzt ein, und es wird zu einem Weißen Loch.

Einer weiteren schlußfolgerischen Hypothese zufolge ist ein Weißes Loch das Gegenstück eines Schwarzen Lochs. Ähnlich wie bei einem hypothetischen Wurmloch, das zwei weit voneinander entfernte Galaxien durch die von Albert Einstein aufgestellte These der Raumkrümmung miteinander verbindet, würden Licht und Materie, die ein Schwarzes Loch absorbiert, auf der anderen Seite aus einem Weißen Loch wieder herausströmen, nur an einem weit entfernten Ort. Es könnte eine natürliche Gesetzmäßigkeit sein, daß ein Schwarzes Loch und ein Weißes Loch als Eingang und Ausgang ein Raumzeit-System bilden.

In der Science-Fiction werden Wurmlöcher als Reisemöglichkeit zu weit entfernten Galaxien thematisiert. Davon ist eher abzuraten, schon wegen dem Spaghettisierungseffekt genannten Umstand, daß jedwedes sich einem Schwarzen Loch näherndes gedehnt wird bis zum Zerreißen. Die Technik, ein Raumschiff zu bauen, das diesen Effekt neutralisiert, dürfte kaum entwickelt werden können. Zudem besteht auch keine technische Möglichkeit, solche Distanzen zurückzulegen, um überhaupt erst in die Nähe eines Schwarzen Lochs zu gelangen. Man muß auch nicht überall hin wollen.

Eine neuere erforschte astronomische Gesetzmäßigkeit ist, daß sich im Zentrum jeder Galaxie ein supermassives Schwarzes Loch befindet, das sie durch seine immense Gravitation zusammenhält. Zumindest wurde dies in den bekannten Galaxien nachgewiesen. Um ein solches Schwarzes Loch sind in der Regel Gaswolken versammelt. Nicht so jedoch in der Nachbargalaxie unserer Milchstraße, der <u>Andromeda-Galaxie</u>.

Dort spielt sich ein Faszinosum ab. In ihrem Zentrum versammeln sich um das Schwarze Loch keine Gaswolken, sondern Sterne. In einem geringen Abstand von ein paar Lichtjahren befindet sich eine Population alter Sterne der K-Klasse. Mehrere Tausend rote Sonnen bilden einen Ring um das Zentrum und bewegen sich mit Geschwindigkeiten von über 250 Kilometern pro Sekunde, um der Gravitation des Schwarzen Lochs zu entgehen. Und es kommt noch spektakulärer. Im inneren Lichtjahr befindet sich ein weiterer Ring von ein paar tausend blauen Sonnen. Diese jungen Sterne der A-Klasse bewegen sich noch schneller, da sie dem Schwarzen Loch näher und dessen Gravitation stärker ausgesetzt sind, mit einer Geschwindigkeit von 1000 Kilometern pro Sekunde.

Einer plausiblen These zufolge hatten die Gaswolken um das Schwarze Loch Klumpen gebildet, aus denen die Sterne entstanden, die dann das übrige Gas aufgesogen haben – Andromedas Perlenketten.

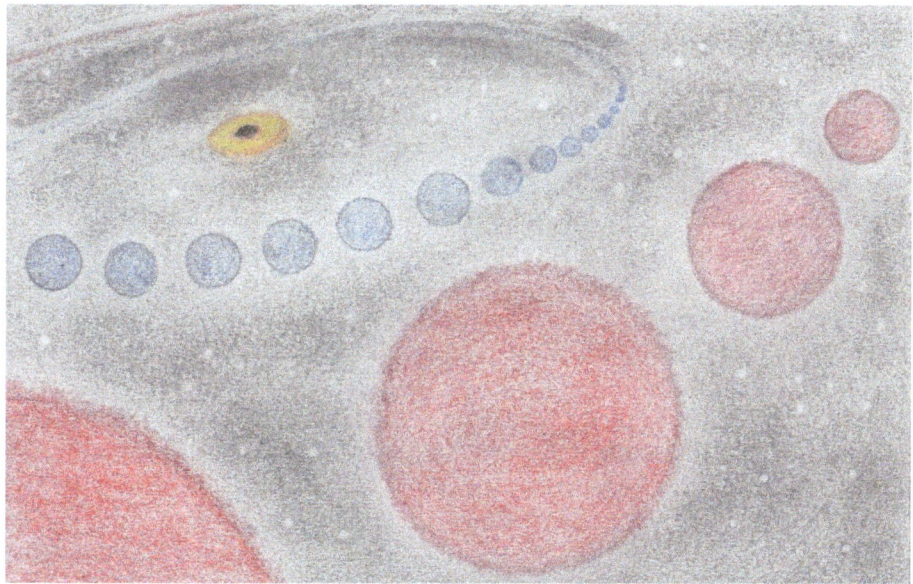

Eigene Zeichnung (aufgrund der Darstellbarkeit ohne reale Distanzen)

Nachwort

Ich wollte an dieser Stelle gegen die zahlreichen Mißstände: Klimakrise, Naturzerstörung, Artenaussterben, Massentierhaltung, Plastikvermüllung, Extremglobalisierung, Bevölkerungsexplosion, Irrglaubenseifer, Kamikaze-kapitalismus, Konsumzombieismus, Digitalvertumbung, Schulnotstand und Altenpflegemisere appellieren. Allerdings entstünde daraus ein Buch für sich oder zumindest ein umfangreicher Buchteil, der aufgrund der drastischen Einzelheiten nicht zum Rahmen dieses Buches paßte. Auch möchte ich hier keine Ratschläge erteilen und schreibe dafür, wie ich es so halte.

Seit etwa fünfzehn Jahren ernähre ich mich vegetarisch bis vegan, ökologisch, dazu saisonal und wenn möglich regional. Weil ich nicht übermäßig viel esse, kann ich mir das auch leisten. Whisky und Zigarillos gelegentlich sind zwar nicht bio, dafür immerhin traditionell vegan und palmölfrei. Ich trinke viel Leitungswasser, für unterwegs in einer Glasflasche abgefüllt. Mein Plastikverbrauch ist relativ gering, Gebrauchsgegenstände sind bei mir rein funktional und bleiben meist dauerhaft intakt; bestimmte elektronische Geräte lasse ich, wenn nötig, vom alteingesessenen Fachhändler reparieren, statt dauernd neu zu kaufen. Meine Kleider trage ich so lange wie sie halten, auch mit Flicken darauf, dafür sind sie von guter Qualität, meist in Europa hergestellt, manche noch aus den 80ern oder hochwertige Gebrauchtware. Möbel habe ich zum Teil noch von meinen Großeltern aus den 30ern oder gebraucht bekommen. Ein Smartphone mag ich nicht, ich achte unterwegs lieber auf meine Umgebung, da sind nette Mitmenschen, Tiere und Pflanzen – auch in der Stadt. Zuhause habe ich ein Wählscheibentelefon. Ein Kfz will ich nicht, ich laufe oder nutze öffentliche Verkehrsmittel. Bei all dem empfinde ich keinen Mangel und bin mir unseres Komforts, der bei Strom, Gas und Wasser anfängt, bewußt, auch der Freiheit und des Friedens.

Wer meinen Lebensstil für Verzicht hält, sollte sich fragen, ob er wirklich braucht, worauf er meint, nicht verzichten zu wollen oder zu können. Der Mensch sollte das Wohl der Erde öfters in seine Entscheidungen miteinbeziehen, schließlich darf er auf ihr leben.

In diesem Zusammenhang kam ich auf die Idee zu folgendem Gedankenspiel. Auch wenn manche der aufgeführten Menschen in der öffentlichen Kritik stehen, gilt zu bedenken, daß das, was ihnen vorgeworfen wird, ob gerechtfertigt oder nicht, geringfügig ist im Vergleich dazu, was sie an Gutem bewirken. Außerdem sollte sich jeder zuerst fragen, was er selbst bewirkt, und das fängt schon bei der richtigen Mülltrennung an.

DIE IDEALE WELTREGIERUNG

(Auswahl beispielhaft – es gibt natürlich viele mehr, die sich eignen.)

Papst Franziskus
Pionier, *hat als erster Papst seine `Grüne Enzyklika´ an die ganze Welt gerichtet, für Naturschutz, Menschenrechte u. moralische Wirtschaft. Er lehnt Luxus ab, lehrt den Vatikan Mores und stellt die Weichen für die Zukunft. Maria Magdalena hat er zur Apostelin erklärt.*

Dalai Lama
`Ozean der Weisheit´, *appelliert an die Welt: „Ethik ist wichtiger als Religion." Wegen Plänen d. chin. Reg., seine nächste Inkarnation zu ernennen u. zu erziehen, hat er angekündigt, lieber als kesse Blondine in Europa zu inkarnieren. In China steigt d. Tibet-Sympathie.*

King Charles III. und Queen Camilla
Ökologie-Antreiber, *stapfen lieber durch ein schottisches Moor, als sich im Palast aufzuhalten. Mit seinen kritikvollen Briefen `nervte´ der einstige Prince of Wales Wirtschaftsfunktionäre und Politiker.*

Barrack und Michelle Obama Der ehemalige Präsident und seine engagierte Gattin, *seine Gesetze zum Gesundheitswesen und Naturschutz waren lobsam. Wäre er nicht auf so viel Widerstand gestoßen, hätte er mehr erreicht. AMAZING GRACE*

Phyllida Anam-Áire
Druidin, *hat zum Friedensprozeß in Nordirland beigetragen, hält ganzheitliche Seminare, macht schöne keltische Musik und schreibt wirksam von keltischer Spiritualität.*

Dr. Wolf-Dieter Storl
Schamane, Ethnologe, Ethnobotaniker, *war bei Aborigines, Indianern, u.v.a. Naturvölkern, vermittelt die Liebe zur Natur auf begeisternde Weise m. Büchern und Seminaren.*

Joan Baez
Folk-Musik-Ikone, *bewegt mit ihrer Musik und engagiert sich seit Flower-Power für Menschenrechte, Frieden und Naturschutz. SILENT RUNNING*

Bono
Sänger der legendären Band U2, *bewegt musikalisch, engagiert sich für Klimaschutz u. bessere Lebensverhältnisse in Entwicklungsländern. MAGNIFICENT*

Greta Thunberg
Klimaschutz-Aktivistin, *hat mit ihrem Schulstreik die weltweite Bewegung* **Fridays for Future** *ausgelöst, die Hoffnung gibt.*

Dr. Alexander Gerst
Astronaut, *erreichte von der ISS Millionen Menschen mit seinen bewegenden Botschaften zum Schutz der Erde.*

Dr. Roda Verheyen
Juristin, *führte erfolgreich Prozeß am BverfG gegen die Merkel-Regierung wegen Mängeln bei den Klimaschutzzielen.*

Chuck Norris
Kampfsport-Ikone und Kult-Actionfilm-Held, *MC QUADE DER WOLF, FORREST WARRIOR, falls es mal brenzlig wird.*

Sinnsprüche und Zitate

Sie sägten Äste ab, auf denen sie saßen
und schrien sich zu ihre Erfahrungen,
wie man schneller sägen könnte,
und fuhren mit Krachen
in die Tiefe,
und die ihnen zusahen,
schüttelten die Köpfe
beim Sägen
und sägten weiter.

Bert Brecht

Was wir brauchen, sind
ein paar verrückte Leute;
seht euch an, wohin uns
die normalen gebracht haben.

George Bernhard Shaw

Es gibt kein großes Genie
ohne einen Schuß
Verrücktheit.

Aristoteles

Eine auf dem Profit beruhende Industrie
ist bestrebt, Menschen für den Kaugummi
und nicht Kaugummi für den Menschen
hervorzubringen.

Antoine de Saint-Exupéry

Man darf die Mehrheit nicht
mit der Wahrheit verwechseln.

Jean Cocteau

Alles, was gegen die Natur ist,
hat auf Dauer keinen Bestand.

Charles Darwin

Alles, was der Mensch den Tieren antut,
kommt auf den Menschen zurück.

Pythagoras

Nero fragt Seneca:
„Woher kommen die vielen Krankheiten?"
„Herr, zähle die Köche."

Laß die Nahrung
deine Medizin sein,
und Medizin deine Nahrung.

Hippokrates

Wem genug zu wenig ist,
dem ist nichts genug.

Epikur

Es gibt keine Passagiere
auf dem Raumschiff Erde,
jeder gehört zur Besatzung.

Marshall Mc Luhan

Was
gut und wahr ist,
gilt für alle Menschen gleich.

Demokrit

Befolget die Naturgesetze
und eure Wohlfahrt ist begründet.

Paracelsus

Das Streben nach
moralischem Handeln
ist das wichtigste Streben
des Menschen.

Albert Einstein

Sei selbst der Wandel,
den du in der Welt sehen willst.

Arleen Lorrance

Damit das Mögliche entsteht,
muß immer wieder
das Unmögliche versucht werden.

Hermann Hesse

Wer nicht
an Wunder glaubt,
ist kein Realist.

David Ben-Gurion

Ohne Begeisterung, welche die Seele
  mit einer gesunden Wärme erfüllt,
wird nie etwas Großes zustande gebracht.

Adolph Knigge

Der Mensch braucht Stunden,
wo er sich sammelt und
in sich hineinlebt.

Albert Schweitzer

Sonnenschein ist köstlich, Regen erfrischt,
  Wind kräftigt, Schnee erheitert.
Es gibt kein schlechtes Wetter, es gibt nur
  verschiedene Arten von gutem.

John Ruskin

Während ich mich
  an einem schwülen Tag
    auf den trägen Wassern
    des Sees treiben lasse,
höre ich fast auf zu leben
  und fange an zu sein.

Henry David Thoreau

Die am Tage träumen,
kennen viele Dinge,
die den Menschen entgehen,
die nur nachts träumen.

Edgar Allan Poe

Träume dir das Leben schön
und mach aus diesen Träumen
eine Realität.

Marie Curie

Die Zukunft gehört denen,
die an die Schönheit
ihrer Träume glauben.

Eleanor Roosevelt

Nimm dir Zeit zum Träumen,
es ist der Weg zu den Sternen.

Irischer Segenswunsch

Achte auf die Stille
und bewahre sie,
denn sie birgt alle
Träume des Menschen.

Indianische Weisheit

Kehre zurück zur Quelle
und finde die Stille;
das ist der Weg der Natur.

Laotse

Die Wildnis ist es,
die die Welt bewahrt.

Henry David Thoreau

Fantasie ist wichtiger als Wissen,
denn Wissen ist begrenzt.

Albert Einstein

Es muß von Herzen kommen,
was auf Herzen wirken soll.

Johann Wolfgang von Goethe

Nur Ruhe in uns selbst
läßt uns sorglos
zu neuen Ufern treiben.

Adalbert Stifter

Blicke in dich.
In deinem Innern
ist eine Quelle,
die nie versiegt,
wenn du nur zu
graben verstehst.

Marcus Aurelius

Die Fähigkeit, glücklich zu leben,
kommt aus einer Kraft,
die der Seele innewohnt.

Marcus Aurelius

Nur wer erwachsen wird
und ein Kind bleibt,
ist ein Mensch.

Erich Kästner

Nach ewigen, eh`rnen
großen Gesetzen
müssen wir alle
unseres Daseins
Kreise vollenden.

Goethe

Harmonie
in allem ist das
Ziel, dem der Mensch
eifrig nachstreben soll. Wie
im Weltall, soll sie auch im Menschen,
gleichsam einer Welt im Kleinen, enthalten sein.

Pythagoras

Den Puls des eigenen Herzens fühlen.
Ruhe im Innern, Ruhe im Äußern.
Wieder Atemholen lernen,
das ist es.

Christian Morgenstern

Unter den hellen
nickenden Blüten.
Da möcht ich liegen –
und träumen!

Adele Schopenhauer

In den Wäldern
sind Dinge,
über die nachzudenken
man jahrelang
im Moos liegen könnte.

Franz Kafka

Außer dem Feuerfalter, blauem Argus,
Pfauenauge und Zitronfalter, die schon
länger sich im Garten zeigen, kam bei
dem heutigen echten Sonnenwetter auch
der große Perlenmuttervogel.
Ich habe die beiden unteren Rasen
ungemäht gelassen, um ihnen die darauf
blühenden Feld- und Heideblumen nicht
zu entziehen.

Theodor Storm

Hommage an Bob Ross

Tagpfauenauge bei Lavendel

Quellenverzeichnis

1. Kapitel:
Nero – Künstler auf dem Kaiserthron, Theodor Kissel, Wiesbadener Kurier, 20.6.2020; Nero, Retter Roms? ZDF INFO 2012; Wikipedia

2. Kapitel:
Pretzel, Blitz, Überkitsch und „Rumsfeld isn´t a mensch", Christoph Driessen, Wiesbadener Kurier, 13.5.2006; Basecap, Beamer, Handy und Oldtimer, Wiesbadener Kurier, 3.1.2014; Wikipedia

3. Kapitel:
Edelsteine und Sternzeichen, Shalila Sharamon & Bodo J. Baginski, Windpferd Verlag, Reihe Schangrila, Durach 1989

4. Kapitel:
Königsdisziplin, Justus Bender, DIE ZEIT Nr. 39, 22.9.2005; Wikipedia

5. Kapitel:
Wer zuletzt qualmt, qualmt am besten, Frank Lorentz, Süddeutsche Zeitung Magazin Nr. 4, 26.1.2018

6. Kapitel:
Zwei gegen Pi,Roland Schulz,SüddeutscheZeitungMagazin Nr.16,19.4.2013

7. Kapitel:
Britanniens genetischer Grenzwall, Reiner Luyken, DIE ZEIT Nr. 3, 9.1.2003; Die Legende von König Artus, n-tv 2010
Schottland – Der Mythos der Highlands, Terra X, ZDF 2015
Wilde Appalachen – Die Berge der Cherokee, ORF 2005

8. Kapitel:
Die Sprachen der Welt, Frederick Bodmer, Pawlak Verlag, Herrsching 1989; Wikipedia

9. Kapitel:
Die lateinische Sprache, Werner Eisenhut, Artemis Verlag, München und Zürich 1985; Wikipedia

10. Kapitel:
Stowasser, J. M. Stowasser, M. Petschenig, F. Skutsch, Oldenbourg Schulbuchverlag, München, Düsseldorf, Stuttgart 2006; Eigener Fundus

11. Kapitel:
Vexillologie, Wikipedia

12. Kapitel:
Heraldik, Wikipedia

13. Kapitel:
Wiesbaden in der Römerzeit, Walter Czysz, Theiss Verlag, Stuttgart 1994
Der kleine Heimatforscher in der Stadt Wiesbaden,Karl Döringer,Wbn.1955
Die großen Cäsaren, Gisela Gottschalk, Pawlak Verlag, Herrsching 1984
Wiesbadener humanistische Vorträge, Wilhelm Milch, Wiesbaden 2015
Chinas Kampf um Rom, Angela Köckritz, DIE ZEIT Nr. 18, 25.4.2013
Buddha in Ägypten,Niccolò Schmitter,SüddeutscheZeitung Nr.154,7.7.2023
Die Kelten – Europas vergessene Macht, Terra X, ZDF/ARTE 2016
Ashoka – Der indische Krieger Buddhas, ZDF 2009
Töchter des Hindukusch, ARTE/SWR 2006
Das Amazonen-Rätsel, National Geographic Channel, ZDF 2004
Karthagos vergessene Krieger, ZDF/ARTE 2013
Der gallische Druide, Die Spur der Steine, ARTE 2013 / Wikipedia

14. Kapitel:
Äskulapnatter, Markus Bennemann, Wiesbadener Kurier, 4.5.2015
Luchs ganz nah, Hannelore Wiedemann, Wiesbadener Kurier, 23.9.2017
Rückkehr der Raubkatzen, Johannes Lahr, Wiesbadener Kurier, 21.3.2023
Heimliche Waldbewohner, Nele-Marie Brüdgam, HÖRZU Nr. 19, 5.5.2023

16. Kapitel:
Lavaschnecken auf dem Mars, Süddeutsche Zeitung, 27.4.2012
Die Planeten: Venus, Mars, Saturn, Eiswelten, jeweils ZDF INFO 2019
Per Anhalter durchs Sonnensystem: Jupiter, Saturn, jeweils N24 2013
Per Anhalter durchs Sonnensystem: Neptun und Uranus, N24 2013
Planet 9, Das Universum, ntv 2016
Am Rande des Sonnensystems, Das Universum, N24 2015
Nemesis, Geheimnisse des Weltalls, N24 2012
Moons, Planetary Satellite Discovery Circumstances, NASA, 23.5.2023, nasa.gov / Wikipedia

17. Kapitel:
Zutaten des Lebens entdeckt, DPA, Süddeutsche Zeitung Nr. 136, 16.6.2023
Die Jagd nach den Exomonden, Strip the Cosmos, WeLT 2018
Weiße Löcher, Strip the Cosmos, WeLT 2020
Was ist im Zentrum von Andromeda? alpha-Centauri, BR 2006

Fotos auf den Seiten 10, 11, 108, 116: Eigene Aufnahmen, davon die Fotos auf den Seiten 10, 11 und 116, Nr. 8 von Eleonore Reinehr, meiner Mutter

Fotos auf der ursprünglichen Titelseite und weitere Fotos sowie Abbildungen im Buch: Wikipedia; Web; Foto S. 59: Die Kelten, ZDF 1995

Tabellen auf den Seiten 21, 34: Eigene Gestaltung
Tabellen auf den Seiten 130, 131: Eigene Idee und Gestaltung

Zeichnung auf Seite 135: Eigene Idee

Sinnsprüche und Zitate: Selbstgestaltete eigene Sammlung

Bücherempfehlung

In diesem Buch sind die kaum bekannten Wiedergeburtsvorstellungen weltweit von der Antike bis heute erstmals vereint vorgestellt:

Lehren und Mythen von Pythagoras, Sokrates und Platon, den Kelten, Juden, christlichen Gnostikern, Sufis, Aleviten, Alawiten, Drusen, Jesiden, Sikhs, des Hinduismus, Buddhismus, Taoismus, der Aborigines, Maya, Inuit, Indianer und weiteres kaum bekanntes Wissen.

Darius Reinehr

Von der Wiedergeburt

Die Lehren und Mythen
von Pythagoras bis zu den Aborigines
sowie die wichtigsten Erklärungen
zum Thema allgemein

DR-Edition

Der zweite Buchteil enthält die wichtigsten Erklärungen zum Thema allgemein:

Warum die Kirchen die Wiedergeburtsvorstellung ignorieren oder ablehnen, obwohl sie für Jesus selbstverständlich war – warum bei den Wiedergeburten die Geschlechterrollen wechseln können – warum es unlogisch scheint, daß Menschen als Tiere wiedergeboren werden – wann die verwandten Seelen im Jenseits einander wiedertreffen – wie jenseitige Sphären philosophisch und physikalisch erklärbar sind – ob die Wiedergeburtenfolge begrenzt ist – was Vollkommenheit bedeutet – wie eine vernünftige Vorstellung von der Wiedergeburt für das Glück im Leben förderlich ist.

Das Übergehen
von Wachheit in Schlaf ist einschlafen,
von Leben in Tod sterben.

Das umgekehrte Übergehen
von Schlaf in Wachheit ist aufwachen,
folglich von Tod in Leben aufleben.

Sokrates, nach Platon

Des Menschen Seele
Gleicht dem Wasser:
Vom Himmel kommt es,
Zum Himmel steigt es,
Und wieder nieder
Zur Erde muß es,
Ewig wechselnd.

Johann Wolfgang von Goethe

**Dieses Buch vermittelt Begeisterung für eines der wichtigsten Themen
der Menschheit und motiviert zur Weiterentwicklung der Seele.**

© Darius Reinehr
Von der Wiedergeburt
2. verbesserte und erweiterte Auflage 2015
DR-Edition, www.dr-edition.de
Verlag: BoD GmbH, Norderstedt

Buch 180 Seiten 9,90 €   Überall im Buchhandel
ISBN: 978 3 7392 0742 1
E-Book 6,49 €   und bei bod.de/buchshop
ISBN: 978 3 7412 3286 2

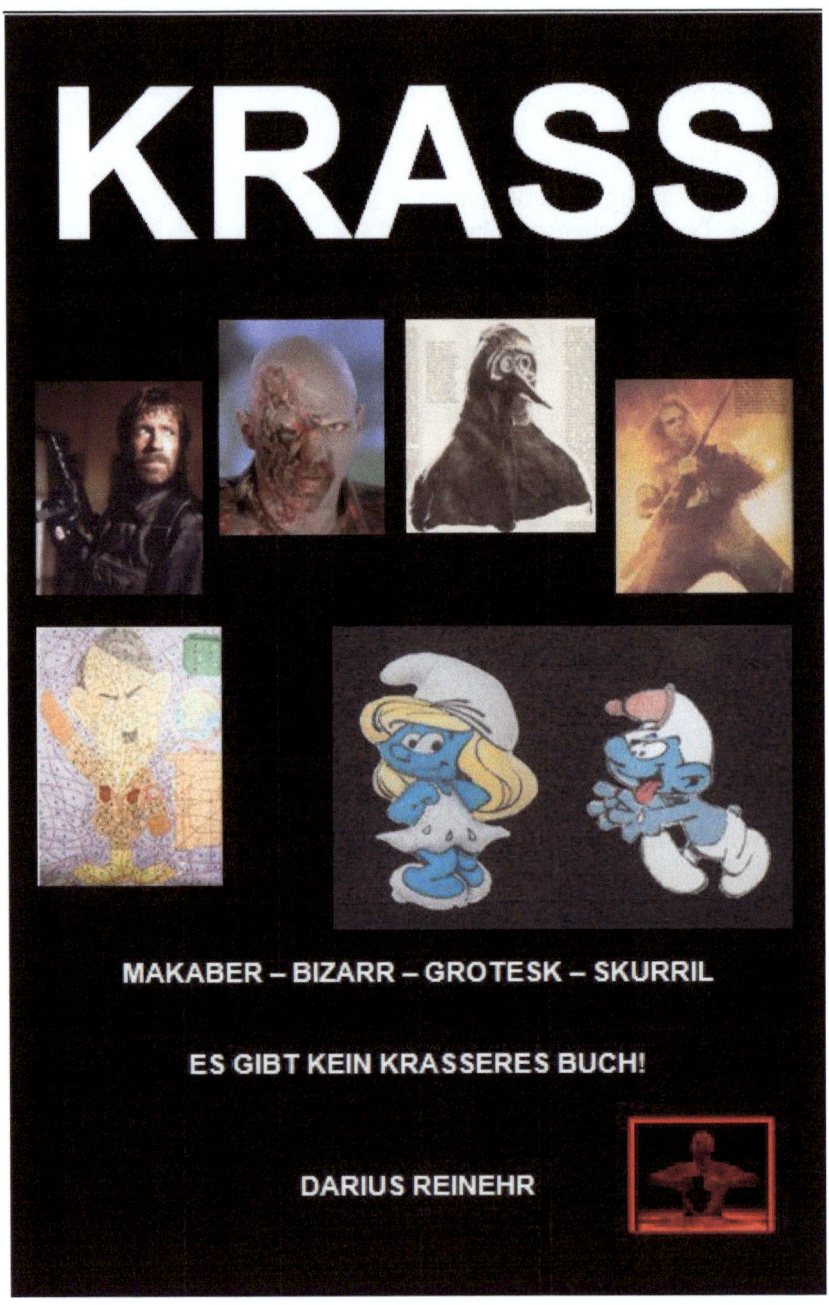

KRASS

MAKABER – BIZARR – GROTESK – SKURRIL

ES GIBT KEIN KRASSERES BUCH!

DARIUS REINEHR

Echte Schlumpfmütze aus gegerbtem Stier-Hodensack

Der Zombie-Apokalypse-Notfallplan des Pentagon

Hakenkreuz-Kleiderständer bei Kik

Milchpause im Fegefeuer

Hype um Chuck Norris – Absurde Witze (auch 2 von mir)

Schmerz-Index der Insektenstiche – Kult-Forscher wurde schon von über 150 Insektenarten gestochen oder gebissen. Krasse Kommentare.

Und vieles Krasse mehr...

Titanic II soll bald ablegen.

Lego-Man

Der Insekten-
forscher

© Darius Reinehr
KRASS
4. optimierte Auflage 2023

DR-Edition, www.dr-edition.de
Verlag: BoD GmbH, Norderstedt

Buch 60 Seiten 9,50 €
ISBN: 978 3 7557 6071 9

E-Book 5,49 €
ISBN: 978 3 7578 7156 7
je bei bod.de/buchshop

Besucht gerne auch meine Website:

www.dariusreinehr.com

Dort sind weitere Bücher und Projekte
sowie Kreatives von mir vorgestellt.